Bettermann/Hankofer/Lomb/Nolte/ter Voert/Wiegand
Kaufleute für Büromanagement – Lernsituationen 3

Lernfelder 9-13

kiehl DIGITAL

Freischaltcode für Ihre digitalen Zusatzinhalte:

BOUSIFPZNFEOPRGJWNUUKD

Bettermann u.a.,Kaufleute f. Büromanagement-Lernsituationen3

Ihr digitaler Mehrwert

Dieses Buch enthält zusätzlich folgende Inhalte, die Ihnen in Kiehl DIGITAL unter http://digital.kiehl.de zur Verfügung stehen.

PDF Buch als PDF

Zusatz-Downloads

So einfach geht's:

1. Rufen Sie die Seite http://go.kiehl.de/freischaltcode auf oder scannen Sie den QR-Code.

2. Geben Sie Ihren Freischaltcode in Großbuchstaben ein und folgen Sie dem Anmeldedialog.

3. Fertig.

Lernsituationen 3

Bettermann | Hankofer | Lomb | Nolte | ter Voert | Wiegand

Kaufleute für Büromanagement

Lernfelder 9-13

Von

Verena Bettermann

Sina Dorothea Hankofer

Ute Lomb

Nicole Nolte

Ulrich ter Voert

Bettina Wiegand

kiehl

ISBN 978-3-470-**66141**-4, 1. Auflage 2016

Kiehl ist eine Marke des NWB Verlags

Druck: Griebsch & Rochol Druck GmbH, Hamm – ptkl/th

Vorwort

Der vorliegende Band **Kaufleute für Büromanagement** enthält für die Lernfelder 9 bis 13 didaktisch ausgearbeitete Lernsituationen, welche jeweils einen abgeschlossenen Lernprozess bilden und sich dabei am Modell der vollständigen Handlung orientieren.

Die anregenden und transparenten Lernsituationen dienen der Motivation und regen die Entwicklung von selbstständigen Lösungswegen und -strategien zur Bewältigung der Aufgabenstellungen an. Dieses Vorgehen trägt zur Steigerung Ihrer Kompetenzen bezüglich der methodischen Problemlösung und der effektiven Zusammenarbeit in einem Team bei. Darüber hinaus üben Sie auf diese Weise die Fähigkeit zum eigenverantwortlichen und selbstorientierten Lernen.

Die angestrebten Lernprozesse sollen dabei das Denken und Handeln dahingehend verknüpfen, dass eine erweiterte Transferfähigkeit und die Förderung von vernetztem Denken in beruflichen Handlungssituationen erreicht werden. Ein wesentlicher Aspekt ist auch die soziale Kompetenz, die die Berufs- und Teamfähigkeit abbildet, um die Fachkompetenz mit humanen und sozialen Werten zu verbinden.

Um diese Ziele zu erreichen, rücken die Lernsituationen die Lernenden als aktive Personen in den Fokus und konfrontieren sie mit konkreten, praxisnahen Problemen. Sie werden dadurch in die Lage versetzt, sich mit der Rolle zu identifizieren und die übertragenen Aufgabenstellungen handlungsorientiert zu bearbeiten. Für die Planung und Durchführung der eigenen Lösungswege bieten die Lernsituationen eine Vielzahl von Methoden an. Brainstorming, Textanalyse, Mindmapping, Präsentationsformen und die Erstellung von konkreten Handlungsprodukten sollen motivieren, berufsspezifische Inhalte praktisch umzusetzen. Als unterstützendes Informations- und Begleitmaterial dient der passende Infoband dieser Buchreihe.

Unterschiedliche Interaktionsformen, die aus dem Aufbau und dem Verlauf der Lernsituationen hervorgehen, leiten zur effektiven Teamarbeit und zum eigenverantwortlichen Wissenserwerb an.

Arbeitsergebnisse werden reflektiert und evaluiert, um Verbesserungen bei der Lösung zukünftiger Problemstellungen zu erreichen.

Um den individuellen Lernprozessen Rechnung zu tragen, beginnt jede Lernsituation mit einer persönlichen Einschätzung der bereits vorhandenen fachlichen Fähigkeiten und endet mit der Reflexion der neu erworbenen Kompetenzen. Zusätzlich haben Sie die Möglichkeit, Ihren persönlichen Lernerfolg zu evaluieren, in dem Sie Ihre Erfahrungen bezüglich der gewählten Vorgehensweise, des Anforderungsniveaus sowie der fachlichen Inhalte formulieren.

Wir wünschen Ihnen viel Spaß bei der Durchführung der Lernsituationen und hoffen, den Lernfeldunterricht damit praxisnah, abwechslungsreich und interessant zu gestalten.

Für Anregungen und Verbesserungen sind wir stets offen (E-Mail: feedback@kiehl.de).

Herne, im Juni 2016

Ihr Autorenteam

Benutzungshinweise

Diese Symbole erleichtern Ihnen die Arbeit mit diesem Buch:

TIPP
Hier finden Sie nützliche Hinweise zum Thema.

MERKE
Das X macht auf wichtige Merksätze oder Definitionen aufmerksam.

ACHTUNG
Das Ausrufezeichen steht für Beachtenswertes, wie z. B. Fehler, die immer wieder vorkommen, typische Stolpersteine oder wichtige Ausnahmen.

INFO
Hier erhalten Sie nützliche Zusatz- und Hintergrundinformationen zum Thema.

RECHTSGRUNDLAGE
Das Paragrafenzeichen verweist auf rechtliche Grundlagen, wie z. B. Gesetzestexte.

MEDIEN
Das Maus-Symbol weist Sie auf andere Medien hin. Sie finden hier Hinweise z. B. auf Download-Möglichkeiten von Zusatzmaterialien in Kiehl DIGITAL, auf Audio-Medien oder auf die Homepage von Kiehl.

WEBTIPP
Hier erhalten Sie Internetadressen bzw. Weblinks, auf denen Sie vertiefende Informationen zu den Sachverhalten des jeweiligen Textabschnitts finden.

VERWEISE
Die Pfeile verweisen Sie auf andere Kapitel oder auch Arbeitsblätter desselben Bands sowie auf die anderen Titel aus dieser Reihe.

Aus Gründen der Praktikabilität und zur besseren Lesbarkeit wurde darauf verzichtet, jeweils männliche und weibliche Personenbezeichnungen zu nennen. So können z. B. Schüler, Auszubildende, Kollegen grundsätzlich sowohl männlich als auch weiblich sein.

Inhaltsverzeichnis

Arbeiten mit diesem Buch

Um berufliche Handlungskompetenz zu erreichen, sollen die Lernenden dazu angeleitet werden, sich Lösungswege zu komplexeren Lehr-Lern-Arrangements selbstständig zu erarbeiten, sie zu dokumentieren und zu reflektieren.

Als Hilfsmittel werden in diesem Buch folgende Elemente verwendet:

- Lernsituationen mit Lernjobs
- Kompetenzchecklisten
- eine Reflexionsmöglichkeit am Ende jeder Lernsituation.

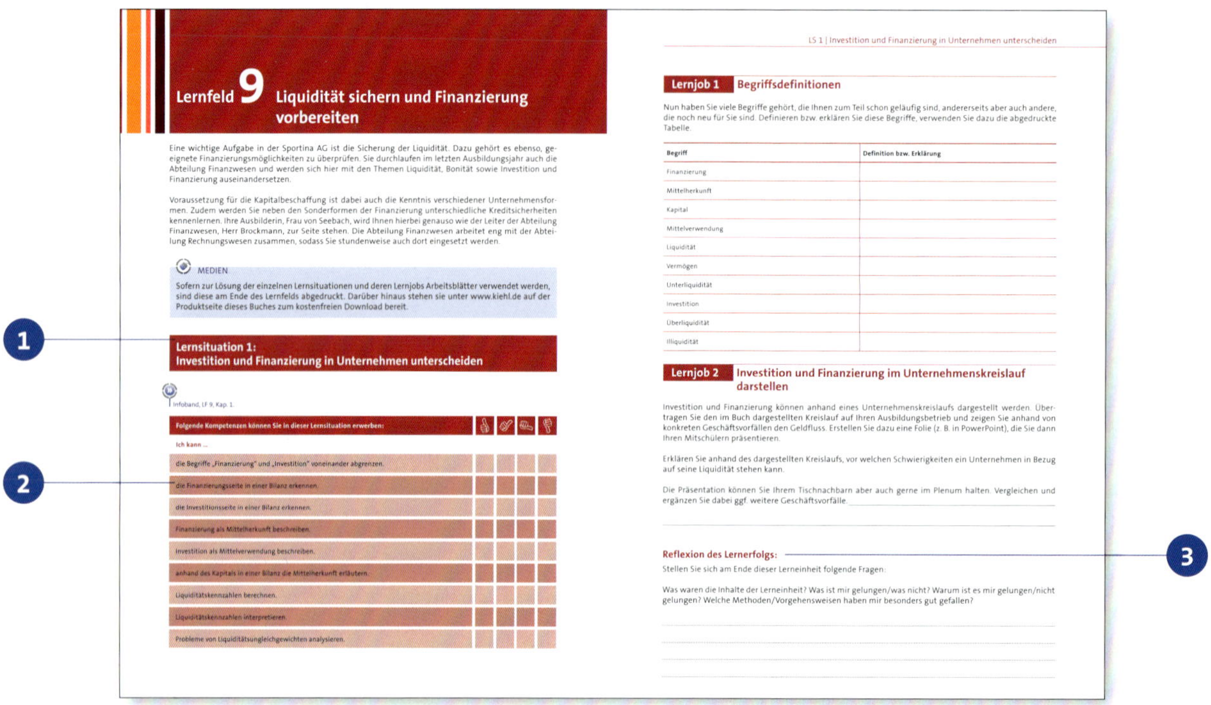

1 Lernsituationen mit Lernjobs

Unsere motivierenden Lernsituationen werden von einem Autorenteam erstellt, welches sich aus Diplom-Handelslehrern, Lehrern für arbeitstechnische Fächer und betrieblichen Ausbildern zusammensetzt. Dadurch werden praxisnahe und prozessorientierte Lernsituationen konstruiert, die folgende Komponenten aufweisen:

1. Ganzheitlichkeit
Die Lernsituationen ermöglichen den Schülern das Lernen in komplexen und problemorientierten Handlungsbezügen. Es wird immer wieder ein konkreter Bezug zum Lern- und Aufgabenprozess im eigenen Unternehmen hergestellt. Die einzelnen „Lernjobs" – komplexere Lernaufgaben – strukturieren die Lernsituation, geben konkrete Handlungsaufträge und fordern Lernprodukte als Schülerlösung ein.

2. Orientierung an betrieblichen Geschäftsprozessen
Reale betriebliche Prozesse werden in die Lernsituationen eingebaut und geben den Lernenden nicht den Eindruck eines konstruierten Lernens. Alle Lernsituationen sind so aufgebaut, dass sie über das Modell der vollständigen Handlung gelöst werden können.

3. Orientierung an den Lernenden
Durch den Bezug auf reale betriebliche Prozesse werden die Lernenden und ihr Umfeld in die Lernsituationen einbezogen. Auch in der Bearbeitung der Aufgaben ist es möglich, sich an den Lernenden zu orientieren und sie ihren Lernprozess selbst steuern zu lassen.

2 Kompetenzchecklisten

Die Kompetenzchecklisten geben den Lernenden einen Überblick über die – für die Lernsituation benötigten – Fachkompetenzen. Sie haben im Lernprozess drei unterschiedliche Funktionen:

1. Vorwissen aktivieren
Mithilfe der Kompetenzcheckliste können die Schüler abgleichen, was sie bereits können. Sie nehmen eine entsprechende Selbsteinschätzung vor. Auch Lerndefizite werden mithilfe der Kompetenzcheckliste schnell erkannt. Wichtig ist, dass die Lernenden ehrlich zu sich selbst sind. Sollten sie Schwierigkeiten beim Ausfüllen der Checkliste haben, ist es sinnvoll, ihnen zur Selbsteinschätzung zusätzliche Aufgaben zur Verfügung zu stellen.

2. Transparenz der Lernfortschritte
Eine Kompetenzcheckliste bildet für die Lernsituation einen übersichtlichen Rahmen und gibt den Lernenden eine genaue Orientierungsmöglichkeit. Ein Lernfortschritt wird im Vergleich der Vorher-Nachher-Checkliste deutlich und kann die Lernenden motivieren.

3. Selbstverantwortung stärken
Für den eigenen Lernprozess ist jeder Lernende selbst verantwortlich. Checklisten helfen, die Selbstverantwortung zu stärken, indem sie den Schülern deutlich machen, wo eventuelle Lerndefizite noch selbstständig ausgeglichen werden sollten.

3 Reflexion des Lernerfolgs

Ein wichtiges Element, um den eigenen Lernfortschritt zu beurteilen, sind Reflexionsbögen wie Lerntagebücher oder Lernprotokolle. Am Ende jeder Lernsituation finden die Schüler die Möglichkeit, den eigenen Lernerfolg kurz zu reflektieren. Als Unterstützung finden sich einige Fragen, die beantwortet werden können. Die Reflexion ist eine gute Möglichkeit, um festzustellen, welche Lernmethoden den Schülern besonders gut liegen, in welcher Sozialform sie am liebsten arbeiten, ob sie sich überfordert oder unterfordert fühlen und wie sie in den nächsten Lernsituationen mit diesem Wissen umgehen werden.

Modell der vollständigen Handlung

Gute Prozessmodelle sollen Lerninhalte und Wissensstrukturen effizient greifbar machen. Diese eignen sich ideal, um komplexe Unterrichtsinhalte zu erfassen und zu sichern.

Das Lernkonzept der vollständigen Handlung ist ein Stufenmodell und beruht darauf, dass alle für den Berufsabschluss und die spätere Berufspraxis relevanten Fertigkeiten, Kenntnisse und Fähigkeiten im Arbeitsprozess erworben werden. Der Ablauf des Lernprozesses orientiert sich an der Systematik der vollständigen Arbeitshandlung. Jeder Lern- bzw. Arbeitsauftrag wird in Stufen gegliedert.

Informieren ➡ Planen ➡ Entscheiden ➡ Durchführen ➡ Kontrollieren ➡ Bewerten

1. Informieren:	Mithilfe von Leitfragen analysieren die Schüler die Aufgabenstellung und deren Problematik und entwickeln Lösungswege zur Problematik.
2. Planen:	Die Schüler legen die erforderlichen Arbeitsschritte fest und erstellen eine Liste der Materialien und Informationen, die zur Problemlösung nötig sind.
3. Entscheiden:	Die Schüler entscheiden, wie bzw. auf welche Art und Weise die Aufgaben- oder Problemstellung gelöst wird.
4. Durchführen:	Der Auftrag wird entsprechend der Arbeitsplanung selbstständig durchgeführt.
5. Kontrollieren:	Mittels vorher definierter Kriterien kontrollieren die Schüler, ob die Arbeiten fachgerecht und nach den Vorgaben erledigt worden sind.
6. Bewerten:	In der abschließenden Bewertung werden die eigenen Handlungen der vorhergehenden Stufen reflektiert und gegebenenfalls Korrekturen vorgenommen. Diese Reflexion hat das Ziel, zukünftige Lösungswege zu verbessern.

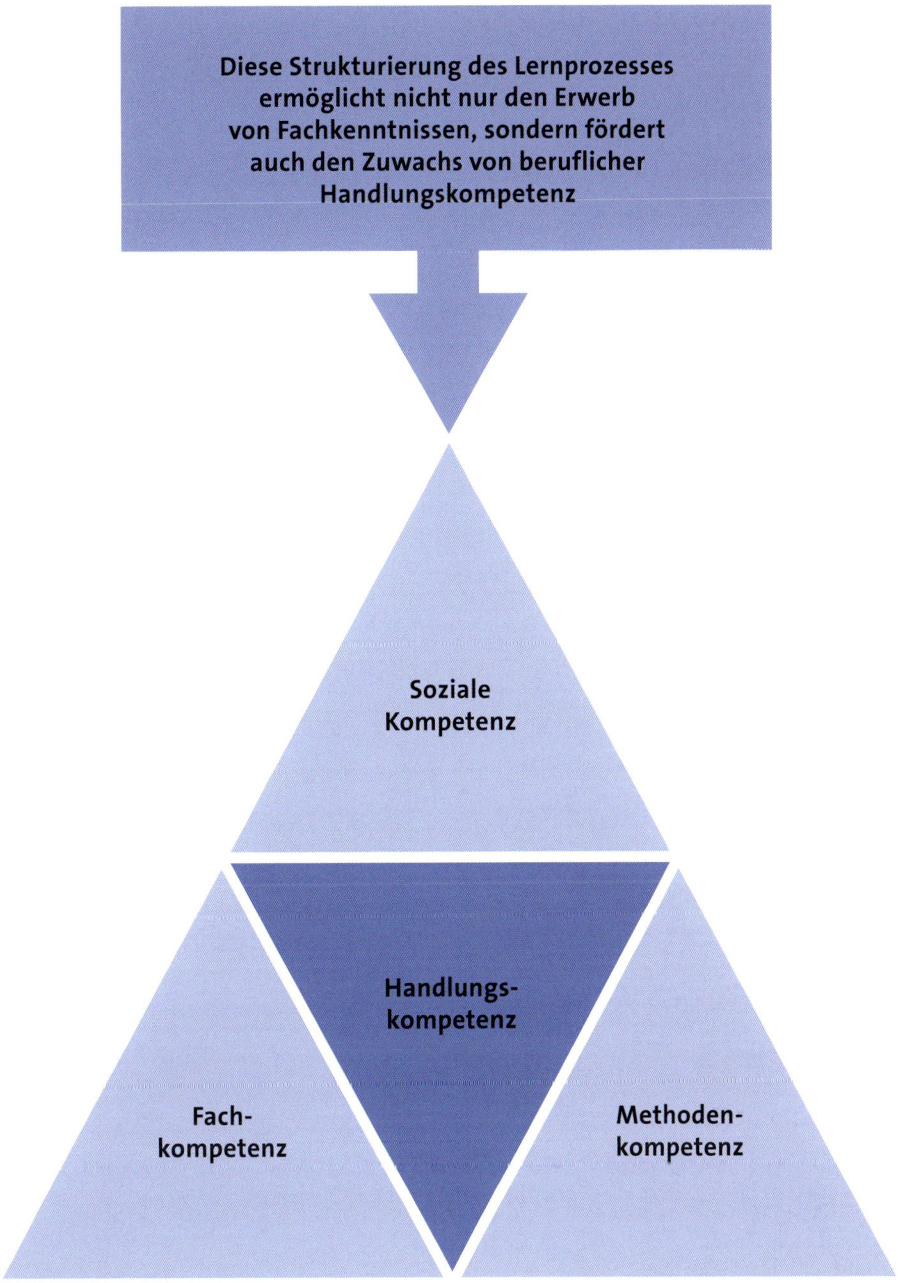
Diese Strukturierung des Lernprozesses ermöglicht nicht nur den Erwerb von Fachkenntnissen, sondern fördert auch den Zuwachs von beruflicher Handlungskompetenz
Soziale Kompetenz
Handlungs-kompetenz
Fach-kompetenz
Methoden-kompetenz

Lernfeld 9 Liquidität sichern und Finanzierung vorbereiten

Eine wichtige Aufgabe in der Sportina AG ist die Sicherung der Liquidität. Dazu gehört es ebenso, geeignete Finanzierungsmöglichkeiten zu überprüfen. Sie durchlaufen im letzten Ausbildungsjahr auch die Abteilung Finanzwesen und werden sich hier mit den Themen Liquidität, Bonität sowie Investition und Finanzierung auseinandersetzen.

Voraussetzung für die Kapitalbeschaffung ist dabei auch die Kenntnis verschiedener Unternehmensformen. Zudem werden Sie neben den Sonderformen der Finanzierung unterschiedliche Kreditsicherheiten kennenlernen. Ihre Ausbilderin, Frau von Seebach, wird Ihnen hierbei genauso wie der Leiter der Abteilung Finanzwesen, Herr Brockmann, zur Seite stehen. Die Abteilung Finanzwesen arbeitet eng mit der Abteilung Rechnungswesen zusammen, sodass Sie stundenweise auch dort eingesetzt werden.

MEDIEN

Sofern zur Lösung der einzelnen Lernsituationen und deren Lernjobs Arbeitsblätter verwendet werden, sind diese am Ende des Lernfelds abgedruckt. Darüber hinaus stehen sie unter www.kiehl.de auf der Produktseite dieses Buches zum kostenfreien Download bereit.

Lernsituation 1: Investition und Finanzierung in Unternehmen unterscheiden

Infoband 3, LF 9, Kap. 1.

Folgende Kompetenzen können Sie in dieser Lernsituation erwerben:	👍	👌	👉	👎
Ich kann ...				
die Begriffe „Finanzierung“ und „Investition“ voneinander abgrenzen.				
die Finanzierungsseite in einer Bilanz erkennen.				
die Investitionsseite in einer Bilanz erkennen.				
Finanzierung als Mittelherkunft beschreiben.				
Investition als Mittelverwendung beschreiben.				
anhand des Kapitals in einer Bilanz die Mittelherkunft erläutern.				
anhand des Vermögens in einer Bilanz die Mittelverwendung erläutern.				
den Kreislauf von Investition und Finanzierung in meinem Ausbildungsbetrieb entwickeln.				
den Kreislauf von Investition und Finanzierung anhand von Beispielen beschreiben.				
die Entstehung von Kapitalbedarf durch das zeitliche Auseinanderfallen von Kapitalbindung und Kapitalfreisetzung reflektieren.				
eine unternehmensbezogene Offene-Posten-Liste erstellen.				
den Begriff „Liquidität“ definieren.				
Liquiditätskennzahlen berechnen.				
Liquiditätskennzahlen interpretieren.				
Probleme von Liquiditätsungleichgewichten analysieren.				
Maßnahmen zur Verbesserung der Liquidität ergreifen.				

Inzwischen absolvieren Sie Ihre Ausbildung bereits im letzten Ausbildungsjahr. Ihre Ausbilderin hat Sie seit letztem Montag in der Abteilung Finanzwesen eingesetzt. Hier sollen Sie lernen, wie sich das Unternehmen finanziert und welche Investitionen getätigt werden.

Während sich zwei Ihrer Kollegen unterhalten, können Sie einiges über die Aufgabe dieser Abteilung erfahren. Folgenden Gesprächsverlauf können Sie verfolgen:

Anja Laufer: *„Nun soll eine neue Lagerhalle gebaut werden, weil die bisherige Lagerkapazität an ihre Grenzen stößt. Hast du eine Ahnung, welchen Plan es bzgl. der* Finanzierung *gibt?"*

Steffen Meisert: *„Ja, über die* Mittelherkunft *hat sich die Geschäftsleitung schon Gedanken gemacht. Das* Kapital *soll als Darlehen zur Verfügung gestellt werden. Es können aber auch noch eigene* Mittel verwendet *werden."*

Anja Laufer: *„Ich hatte schon Sorge, dass wir in* Liquiditätsschwierigkeiten *kommen, da im Moment noch der Auftrag der Schmidt GmbH vorfinanziert wird."*

Steffen Meisert: *„Ja. Aber es ist gut, dass wir so viele Aufträge haben und das* Vermögen *unseres Unternehmens wächst. Kannst du dich noch erinnern, als wir zu Beginn mit* Unterliquidität *zu kämpfen hatten."*

Anja Laufer: *„Daran kann ich mich noch erinnern. Ich dachte, man bekommt das Problem in den Griff, wenn einfach weniger Geld in* Investitionen *fließt. Aber ich habe auch eingesehen, dass wir nur produzieren können, wenn die entsprechenden Rohstoffe auf Lager sind."*

Steffen Meisert: *„Du bist halt einfach ein Sicherheitsmensch. Lieber etwas mehr Geld in der Tasche; aber* Überliquidität *ist* für ein Unternehmen unrentabel, wenngleich natürlich immer zu bedenken *ist, dass Unternehmen Reserven benötigen."*

Anja Laufer: *„Das weiß ich inzwischen. Bei unserer Unternehmenslage mache ich mir auch gar keine Sorgen, dass es zu einer* Illiquidität *kommen könnte. Aber du hast schon recht, ich bin eben einfach ein Pessimist."*

Lernjob 1 Begriffsdefinitionen

Nun haben Sie viele Begriffe gehört, die Ihnen zum Teil schon geläufig sind, andererseits aber auch andere, die noch neu für Sie sind. Definieren bzw. erklären Sie diese Begriffe, verwenden Sie dazu die abgedruckte Tabelle.

Begriff	Definition bzw. Erklärung
Finanzierung	
Mittelherkunft	
Kapital	
Mittelverwendung	
Liquidität	
Vermögen	
Unterliquidität	
Investition	
Überliquidität	
Illiquidität	

Lernjob 2 Investition und Finanzierung im Unternehmenskreislauf darstellen

Investition und Finanzierung können anhand eines Unternehmenskreislaufs dargestellt werden. Übertragen Sie den im Buch dargestellten Kreislauf auf Ihren Ausbildungsbetrieb und zeigen Sie anhand von konkreten Geschäftsvorfällen den Geldfluss. Erstellen Sie dazu eine Folie (z. B. in PowerPoint), die Sie dann Ihren Mitschülern präsentieren.

Erklären Sie anhand des dargestellten Kreislaufs, vor welchen Schwierigkeiten ein Unternehmen in Bezug auf seine Liquidität stehen kann.

Die Präsentation können Sie Ihrem Tischnachbarn aber auch gerne im Plenum halten. Vergleichen und ergänzen Sie dabei ggf. weitere Geschäftsvorfälle.

Lernjob 3 Liquidität berechnen

Aus vergangenen Jahren liegen Ihnen zwei unterschiedliche Bilanzen vor. Herr Brockmann, Leiter des Finanzwesens, gibt Ihnen den Auftrag, die Liquidität dieser beiden Jahre zu begutachten. Dazu nutzen Sie die im Lehrbuch angegebenen Liquiditätskennzahlen.

Notieren Sie sich zunächst die notwendigen Formeln als „Merker" an dieser Stelle.

MERKE

Liquidität 1. Grades in % =

Liquidität 2. Grades in % =

Liquidität 3. Grades in % =

A — Bilanz Gründungsjahr — P

A	€	P	€
A. Anlagevermögen		A. Eigenkapital	200.000
1. Grundstücke und Gebäude	230.300	B. Verbindlichkeiten	
2. Maschinen	50.340	1. Langfristige Bankverbindlichkeiten	176.378
3. BGA	1.230	2. VerbaLuL	54.000
B. Umlaufvermögen			
1. Werkstoffe	65.789		
2. Unfertige Erzeugnisse	23.905		
3. Fertige Erzeugnisse	12.789		
4. FordaLuL	43.789		
5. Kasse	340		
6. Bank	1.896		
	430.378		430.378

A	Bilanz 20..		P
	€		€
A. Anlagevermögen		A. Eigenkapital	200.000
1. Grundstücke und Gebäude	285.300	B. Verbindlichkeiten	
2. Maschinen	45.340	1. Langfristige Bankverbindlichkeiten	298.180
3. BGA	1.409	2. VerbaLuL	69.350
B. Umlaufvermögen			
1. Werkstoffe	115.789		
2. Unfertige Erzeugnisse	15.905		
3. Fertige Erzeugnisse	22.880		
4. FordaLuL	64.780		
5. Kasse	4.560		
6. Bank	11.567		
	567.530		567.530

Berechnen Sie die entsprechenden Liquiditäten und beurteilen Sie das jeweilige Ergebnis.

Bewertung der Bilanz im Gründungsjahr:

Liquidität 1. Grades in % =

Liquidität 2. Grades in % =

Liquidität 3. Grades in % =

Bewertung der Bilanz im aktuellen Jahr 20..:

Liquidität 1. Grades in % =

Liquidität 2. Grades in % =

Liquidität 3. Grades in % =

Beurteilen Sie nun Ihr Ergebnis.

Beurteilung (Interpretation)

Vergleichen Sie Ihre Rechenergebnisse und auch die Beurteilungen mit den Ergebnissen Ihrer Mitschüler. Was fällt Ihnen an den beiden Bilanzen noch auf? Besteht zu dieser Veränderung Klärungsbedarf?

Mir ist Folgendes aufgefallen: ______________________________

____

____

Dies wurde wie folgt erklärt: ______________________________

____

____

Lernjob 4 Maßnahmen zur Sicherung der Liquidität ergreifen

Zur Verbesserung der Liquidität sollen verschiedene Maßnahmen in Ihrem Unternehmen ergriffen werden. Erstellen Sie hierzu in Word eine Prioritätenliste (DIN A4) mit geeigneten Maßnahmen. Entscheiden Sie vorab, wie viele Anweisungen Sie an die Mitarbeiter weitergeben wollen. Vergessen Sie auch nicht einen geeigneten Einleitungstext.

Haben Sie folgende Kompetenzen in dieser Lernsituation erworben?				
Ich kann ...				
die Begriffe „Finanzierung“ und „Investition“ voneinander abgrenzen.				
die Finanzierungsseite in einer Bilanz erkennen.				
die Investitionsseite in einer Bilanz erkennen.				
Finanzierung als Mittelherkunft beschreiben.				
Investition als Mittelverwendung beschreiben.				
anhand des Kapitals in einer Bilanz die Mittelherkunft erläutern.				
anhand des Vermögens in einer Bilanz die Mittelverwendung erläutern.				
den Kreislauf von Investition und Finanzierung in meinem Ausbildungsbetrieb entwickeln.				
den Kreislauf von Investition und Finanzierung anhand von Beispielen beschreiben.				
die Entstehung von Kapitalbedarf durch das zeitliche Auseinanderfallen von Kapitalbindung und Kapitalfreisetzung reflektieren.				
eine unternehmensbezogene Offene-Posten-Liste erstellen.				
den Begriff „Liquidität“ definieren.				
Liquiditätskennzahlen berechnen.				
Liquiditätskennzahlen interpretieren.				
Probleme von Liquiditätsungleichgewichten analysieren.				
Maßnahmen zur Verbesserung der Liquidität ergreifen.				

Reflexion des Lernerfolgs:

Stellen Sie sich am Ende dieser Lerneinheit folgende Fragen:

Was waren die Inhalte der Lerneinheit? Was ist mir gelungen/was nicht? Warum ist es mir gelungen/nicht gelungen? Welche Methoden/Vorgehensweisen haben mir besonders gut gefallen?

Lernsituation 2: Zahlungseingänge überwachen

Infoband 3, LF 9, Kap. 1.

Folgende Kompetenzen können Sie in dieser Lernsituation erwerben:				
Ich kann ...				
eine Bonitätsprüfung durchführen.				
die materielle Kreditwürdigkeit von der persönlichen Kreditwürdigkeit unterschieden.				
die Kreditfähigkeit überprüfen.				
eine Selbstauskunft formulieren und optimieren.				
eine Offene-Posten-Liste erstellen.				
eine Bankauskunft lesen.				
die Vorteile beim Inkasso durch ein Inkassounternehmen beschreiben.				
Leistungen auflisten, die ein Inkassounternehmen bietet.				
entscheiden, unter welchen Bedingungen ein Inkassounternehmen zum Einzug von Forderungen involviert werden kann.				
Auswirkungen auf die Kundenbeziehung, die durch den Einsatz von Inkassounternehmen entstehen, einschätzen.				
das kaufmännische Mahnverfahren beschreiben.				
Mahnungen formulieren.				
Mahnungen adressatengerecht, in Abhängigkeit von der jeweiligen Kundenbeziehung, formulieren.				
das gerichtliche Mahnverfahren schaubildhaft entwickeln.				
einen Mahnantrag im Onlineverfahren stellen.				
einen Antrag auf Erlass eines Mahnbescheids ausfüllen.				
Verzugszinsen berechnen.				
die Berechnung der Verzugszinsen begründen.				
Tipps geben, wie Verzugszinsen berechnet werden.				
die Anwendung der verschiedenen Maßnahmen auf unsere Kundenbeziehungen einschätzen.				
die Bedeutung der Verjährung von Forderungen reflektieren.				
beurteilen, wann eine Verjährung neu beginnt, bzw. wann diese gehemmt wird.				

Die Abteilung Rechnungswesen der Sportina AG erhält von der Geschäftsleitung folgende E-Mail:

> Liebe Mitarbeiterinnen und Mitarbeiter der Abteilung Rechnungswesen,
>
> das Management hat sich in der letzten Sitzung zur Unternehmenszielformulierung unter anderem auch auf neue Ziele im Bereich des betrieblichen Rechnungswesens fokussiert. Dabei sollen unsere Mitarbeiter speziell bei den Bonitätsprüfungen neue unternehmensspezifische Richtlinien anwenden. Im Moment überdenken wir ebenfalls die Möglichkeit, das Forderungsmanagement an Inkassounternehmen abzugeben, natürlich ohne eigenen Mitarbeiterverlust. Auch unser Mahnwesen wollen wir überarbeiten. Wir bitten Sie daher um Ihre Mithilfe. Verbesserungsvorschläge werden wie in den vergangenen Jahren mit Gratifikationen belohnt.
>
> Wir bedanken uns schon jetzt und freuen uns auf Ihre Anregungen.
>
> Die Geschäftsleitung

Lernjob 1 Bonitätsprüfung durchführen

Bisher hat die Geschäftsleitung kaum Anforderungen an die Bonitätsprüfung bei ihren Kunden, insbesondere den Neukunden, gestellt.

- Informieren Sie sich darüber, was eine Bonitätsprüfung ist und wie sie bei einer neuen Geschäftsbeziehung ablaufen kann. Klären Sie dabei auch die Begriffe „Kreditfähigkeit" und „Kreditwürdigkeit".
- Sie selbst sehen große Chancen in einer Selbstauskunft. Für die Unternehmensleitung wollen Sie ein geeignetes Formular erstellen, was zukünftig alle neuen Geschäftspartner ausfüllen sollen, die Lieferungen auf Ziel erhalten, ab einem Umsatz von 25.000 € je Vorgang.

  Diskutieren Sie mit Ihrem Nachbarn zuvor, welche Fragen Sie wie stellen wollen, insbesondere unter dem Aspekt der Kundenbeziehung. Erstellen Sie danach ein geeignetes Formular zur Selbstauskunft (DIN A4). Die Gestaltung bleibt dabei Ihnen überlassen.

Lernjob 2 Offene-Posten-Liste darstellen

Die Mitarbeiter des Rechnungswesens sollen ab sofort mit einer geeigneten Offene-Posten-Liste arbeiten.

Überlegen Sie dazu, welche Informationen Sie in die Liste integrieren wollen und wie ein sinnvoller Aufbau aussehen könnte. Erstellen Sie nun eine Mustervorlage in Excel.

Ihre erstellte Vorlage vergleichen Sie mit den Mustern Ihrer Mitschüler. Ergänzen Sie Ihre eigene Vorlage, falls Sie dies für notwendig erachten.

Lernjob 3 Inkasso durch Inkassounternehmen erläutern

Informieren Sie sich im Internet über verschiedene Inkassounternehmen und erstellen Sie eine Übersicht über deren Leistungen. Vergleichen Sie diese Übersicht im Plenum mit den Ergebnissen Ihrer Mitschüler.

Bündeln Sie diese Leistungen, um Dopplungen zu vermeiden und fertigen Sie nun eine Leistungsübersicht nach folgendem Schema an:

Leistung	**Inhalt**
Forderungskauf ...	Das Inkassounternehmen kauft die Forderungen bzw. das Forderungsportfolio an. ...

Nennen Sie auch Gründe, die für und gegen den Einbezug solcher Unternehmen sprechen. Dabei haben Sie wiederum die Kundenbeziehung zu Ihren Geschäftspartnern im Blick.

Lernjob 4 Kaufmännisches Mahnverfahren beschreiben und optimieren

Die Formulierungen der Mahnschreiben in ihrem Unternehmen erscheinen nicht mehr zeitgemäß, daher überlegen Sie sich, unter Ihren Mitauszubildenden eine Art Schreibwettbewerb auszurufen.

Notieren Sie sich 20 mögliche Satzanfänge, mit denen Ihr neues Mahnschreiben beginnen kann.

Nun können Sie von Ihren Mitschülern profitieren, indem Sie vergleichen und ergänzen. Sie werden erstaunt sein, wie viele Satzanfänge möglich sind.

Nutzen Sie nun Ihre Textbausteine und schreiben Sie unter Beachtung der DIN 5008 vier Mahnungen (an vier verschiedene Kunden) unter vier verschiedenen Bedingungen. (Bezüglich des Rechnungsbetrags, der Fälligkeit usw. können Sie kreativ sein und dies selbst realitätsnah [vgl. § 286 BGB siehe unten] festlegen.)

1. Bedingung = Der Kunde Stefan Wagner e. K. ist Neukunde und es existiert auch keine weitere Erfahrung mit diesem Kunden.

2. Bedingung = Die Mitteldorfer Produktions-GmbH ist bereits langjähriger Kunde und hat bisher die Rechnungen immer fristgerecht beglichen.

3. Bedingung = Der Kunde homerun OHG ist bereits seit längerem unser Geschäftspartner, die Zahlungseingänge sind aber immer eher schleppend.

4. Bedingung: Der Kunde runpower GmbH hat auf unsere 1. Mahnung und auch auf die 2. Mahnung bisher nicht reagiert.

Ergänzen Sie den folgenden Text:

Laut § 286 BGB gerät ein Schuldner spätestens in Verzug, wenn ____________________

____

____

Einer Mahnung bedarf es nicht, wenn

1. ____________________
2. ____________________
3. ____________________
4. ____________________

Lernjob 5 Gerichtliches Mahnverfahren skizzieren

Um zukünftigen Mitarbeitern insbesondere aber den Auszubildenden den Ablauf des gerichtlichen Mahnverfahrens zu veranschaulichen, stellen Sie dieses in einem Flussdiagramm mit „Wenn ja, dann"- und „Wenn nicht, dann"-Beziehungen dar. Nutzen Sie hierzu die Informationen aus dem Infoband.

Ihre Ergebnisse präsentieren Sie im Plenum!

Bisher hatten Sie noch nicht die Gelegenheit, einen Antrag auf Erlass eines Mahnbescheids zu stellen. Sie möchten dies aber gerne üben.

Füllen Sie den Antrag auf Erlass eines Mahnbescheids aus.

Arbeitsblatt 1

Bezüglich der Daten können Sie sich mit einem Tischnachbarn (Ihr Tischnachbar ist Ihr Schuldner) abstimmen. Folgende Vorgaben sollen Sie in dieser Beispielübung jedoch berücksichtigen:

- Die Forderung soll 2.500 € betragen.
- Die Katalognummer zur Bezeichnung des Anspruchs legt die konkrete Bezeichnung der jeweiligen Hauptforderung fest. Sie legen sich bei diesem Beispiel auf die Katalognummer Darlehnsrückzahlung fest.
- Sie haben Ihre Forderung nicht abgetreten.

Wenn Sie laufende Zinsen geltend machen wollen, bearbeiten Sie zuerst den Lernjob 6 Verzugszinsen darstellen und berechnen, damit Sie die Verzugszinsen berechnen können. Um in Zeile 45 das zuständige Gericht festzulegen, können Sie sich im Internet über Zuständigkeiten von Gerichtsbarkeiten in Abhängigkeit des Streitwerts informieren.

Lernjob 6 Verzugszinsen darstellen und berechnen

Den Mitarbeitern in Ihrem Unternehmen soll die Berechnung der Verzugszinsen erleichtert werden. Erstellen Sie ein geeignetes Informationsblatt (Ausfüllhilfe, DIN A4), das die folgenden Inhalte enthalten soll:

- Begründung für Verzugszinsen
- Verzugszinssatz bei einseitigen Handelsgeschäften
- Verzugszinssatz bei zweiseitigen Handelsgeschäften
- anzuwendende Zinsmethode
- Verzugszeitraum mit Beachtung der Besonderheiten bei Fälligkeit
- Berechnung des Verzugszeitraums in Tagen
- aktueller Basiszins der Deutschen Bundesbank
- Berechnungsformel.

Die Ausfüllhilfe ist so allgemein zu halten, dass der Mitarbeiter mit deren Hilfe ohne weiteres Verzugszinsen berechnen kann, ohne zusätzliche Informationsquellen abzufragen.

Um die Arbeit mit diesem Formblatt dem Anwender noch weiter zu erleichtern können Sie auch gerne eine Beispielrechnung beifügen!

Vergewissern Sie sich, ob Sie selbst mit Ihrem Ergebnis zufrieden sind. Stellen Sie sich die folgende Frage: Ist die von mir erstellte Ausfüllhilfe nützlich?

Lernjob 7 Verjährung erklären

Informieren Sie sich im Infoband über das Thema „Verjährung von Forderungen". Veranschaulichen Sie sich das Thema „Verjährung", indem Sie eine Mindmap erstellen.

Überprüfen Sie, ob Sie mithilfe Ihrer Strukturierung die nachfolgenden Aufgaben lösen können und bessern Sie bei Bedarf Ihre Übersicht nach.

a) Die Sportina AG verkauft am 13. Oktober 2016 200 Hometrainer. Nennen Sie den Termin, an dem die Forderung verjährt ist.

b) Die Sportina AG hat eine Lagerhalle gekauft, das Grundstück, auf dem die Lagerhalle steht, liegt sehr günstig direkt neben dem neuen Verwaltungsgebäude. Für die Kaufpreiszahlung wurde als Termin der 24. November 2016 vereinbart. Ermitteln Sie den Termin, an dem die Forderung aus diesem Rechtsgeschäft verjährt ist.

c) Die Sportina AG hat, nachdem ein säumiger Kunde seine Rechnungen nicht beglichen hat, den Antrag auf Erlass eines Mahnbescheids gestellt. Der Mahnbescheid wurde am 05. Dezember 2016 zugestellt. Wann verjährt dieser Anspruch?

d) Erläutern Sie, welche Wirkung die Verjährung hat.

e) Die Sportina AG hat ihrem Kunden Stefan Wagner e. K. bereits die zweite Mahnung geschickt, da dieser die letzte Rechung vom 17. Februar 2016 immer noch nicht beglichen hat. Am 22. August 2016 geht eine Abschlagszahlung auf dem Konto der Sportina AG ein. Welche Auswirkung hat diese Abschlagszahlung auf die Verjährung?

f) Welche Auswirkung auf die Verjährung hat die Zustellung des Mahnbescheids an den Kunden in Aufgabe c)?

g) Die Sportina AG macht sich Gedanken, zu welchem Zweck der Gesetzgeber Verjährungen festlegt.

Haben Sie folgende Kompetenzen in dieser Lernsituation erworben?				
Ich kann ...				
eine Bonitätsprüfung durchführen.				
die materielle Kreditwürdigkeit von der persönlichen Kreditwürdigkeit unterschieden.				
die Kreditfähigkeit überprüfen.				
eine Selbstauskunft formulieren und optimieren.				
eine Offene-Posten-Liste erstellen.				
eine Bankauskunft lesen.				
die Vorteile beim Inkasso durch ein Inkassounternehmen beschreiben.				
Leistungen auflisten, die ein Inkassounternehmen bietet.				
entscheiden, unter welchen Bedingungen ein Inkassounternehmen zum Einzug von Forderungen involviert werden kann.				
Auswirkungen auf die Kundenbeziehung, die durch den Einsatz von Inkassounternehmen entstehen, einschätzen.				
das kaufmännische Mahnverfahren beschreiben.				
Mahnungen formulieren.				
Mahnungen adressatengerecht, in Abhängigkeit von der jeweiligen Kundenbeziehung, formulieren.				
das gerichtliche Mahnverfahren schaubildhaft entwickeln.				
einen Mahnantrag im Onlineverfahren stellen.				
einen Antrag auf Erlass eines Mahnbescheids ausfüllen.				
Verzugszinsen berechnen.				
die Berechnung der Verzugszinsen begründen.				
Tipps geben, wie Verzugszinsen berechnet werden.				
die Anwendung der verschiedenen Maßnahmen auf unsere Kundenbeziehungen einschätzen.				
die Bedeutung der Verjährung von Forderungen reflektieren.				
beurteilen, wann eine Verjährung neu beginnt, bzw. wann diese gehemmt wird.				

Reflexion des Lernerfolgs:

Stellen Sie sich am Ende dieser Lerneinheit folgende Fragen:

Was waren die Inhalte der Lerneinheit? Was ist mir gelungen/was nicht? Warum ist es mir gelungen/nicht gelungen? Welche Methoden/Vorgehensweisen haben mir besonders gut gefallen?

Lernsituation 3: Grundlagen zur Unternehmensgründung kennenlernen

Infoband 3, LF 9, Kap. 2.

Folgende Kompetenzen können Sie in dieser Lernsituation erwerben:	👍	👌	👉	👎
Ich kann …				
persönliche Voraussetzungen für die Unternehmensgründung einschätzen.				
wirtschaftliche Voraussetzungen für die Unternehmensgründung ermitteln.				
die rechtlichen Voraussetzungen für die Unternehmensgründung bestimmen.				
Kaufmannseigenschaften unterscheiden.				
beurteilen, unter welchen Bedingungen ein nach Art und Umfang eingerichteter Geschäftsbetrieb vorliegt.				
den Istkaufmann konkret erläutern.				
den Kannkaufmann konkret erläutern.				
erklären, was unter einem Handelsregister zu verstehen ist.				
die Wirkung von deklaratorischen und konstitutiven Handelsregistereintragungen beurteilen.				
den Begriff „Firma" laut HGB definieren.				
Firmengrundsätze aufführen und erläutern.				
unterschiedliche Firmenarten aufzählen.				
die Bedeutung des Firmenkerns definieren.				

Langsam wird es für Sie ernst. Inzwischen absolvieren Sie das letzte Ausbildungsjahr und machen sich Gedanken über Ihre eigene Zukunft. Einige Ihrer Mitschüler haben bereits eine Festanstellung angeboten bekommen. Einige werden im Ausbildungsbetrieb bleiben, andere wiederum haben sich schon auf dem Arbeitsmarkt umgesehen und sind auch schon fündig geworden. Sie selbst wissen aber noch nicht, was Ihnen die berufliche Zukunft bringen wird. Sie schwanken zwischen einer selbstständigen Tätigkeit und einer Festanstellung.

Lernjob 1 Den Weg in die Selbstständigkeit beschreiten

Während ihrer Ausbildung haben Sie viele unternehmenspolitische Entscheidungen miterleben dürfen. Die Freiheit, die die Unternehmenseigentümer haben, imponiert ihnen. Da Sie sich selbst noch nicht sicher sind, ob Sie das Angebot Ihres Ausbildungsbetriebs auf Übernahme in ein Angestelltenverhältnis annehmen wollen, machen Sie sich für sich Gedanken, ob für Sie vielleicht der Weg in die Selbstständigkeit auch geeignet wäre.

a) Erstellen Sie daher zunächst eine Liste, in der Sie die Chancen, die eine Selbstständigkeit bietet, und die Chancen einer angestellten Tätigkeit gegenüberstellen.

b) Aus den von Ihnen gesammelten Aspekten für eine Selbstständigkeit soll nun ein Fragebogen entstehen, der geeignet ist, zukünftigen Existenzgründern als eine Art Checkliste zu dienen, um den eigenen Wunsch auf Selbstständigkeit noch einmal zu überdenken. Bei der Erstellung des Fragebogens sollen Sie verschiedene Fragearten und -techniken verwenden.

Vorgabe an den Fragebogen:

- mind. eine offene Frage
- mind. eine geschlossene Frage
- mind. eine Skalierungsfrage
- mind. eine Alternativfrage
- mind. eine Hybridfrage
- mind. eine Mehrfachalternativfrage
- mind. eine Kontaktfrage
- mind. eine Personalfrage
- mind. eine Suggestivfrage
- mind. eine rhetorische Frage.

Lernjob 2 Wirtschaftliche und rechtliche Voraussetzungen zur Unternehmensgründung beurteilen

Neben den persönlichen Voraussetzungen muss der Unternehmensgründer auch noch wirtschaftliche und rechtliche Voraussetzungen erfüllen.

a) Informieren Sie sich im Infoband über die wirtschaftlichen Voraussetzungen bei der Unternehmensgründung.

b) Beschreiben Sie die Formalitäten, die zu erledigen sind, wenn Sie ein Gewerbe anmelden wollen und recherchieren Sie im Internet, für welche Unternehmensgründungen Genehmigungen vorgeschrieben sind. Notieren Sie sich mindestens drei solcher Genehmigungen. Informieren Sie sich bei einer Kammer vor Ort, wie teuer eine Gewerbeanmeldung ist.

Lernjob 3 Kaufmannseigenschaften unterscheiden

Sie treffen zwei ehemalige Schulkameraden aus Ihrer Grundschulzeit. Interessanterweise behaupten beide, inzwischen Karriere gemacht zu haben und Kaufleute zu sein.

An Michael Müller erinnern Sie sich noch ganz genau, da er in der 2. Klasse im Sportunterricht von der Kletterwand gestürzt und sich dabei schwer verletzt hat. Er hat sich selbstständig gemacht und berät Unternehmen und auch Schulen in Sicherheitsfragen. Jonas Dreift hat vor einem halben Jahr seine Ausbildung zum Industriekaufmann beendet und gibt in dem Gespräch an: *„... das ist doch nichts Besonderes, Kaufmann bin ich auch."*

a) Informieren Sie sich mithilfe des Infobandes über die Kaufmannseigenschaften.

b) Zum besseren Verständnis erstellen Sie eine Übersicht (DIN A4) über die verschiedenen Kaufmannseigenschaften.

c) Machen Sie sich an dieser Stelle ebenfalls mit dem Handelsregister vertraut und erläutern Sie, was unter einer deklaratorischen und was unter einer konstitutiven Eintragung zu verstehen ist.

Lernjob 4 „Die Firma" erklären

Ihr Schulkollege Michael Müller berichtet in dem Gespräch weiterhin, dass seine Firma Michael Müller e. K. lautet und schon seit einem Jahr im Handelsregister eingetragen ist.

a) Was verstehen Sie unter dem Begriff „Firma"? ______________________

____

____

b) Definieren Sie den Begriff „Firma" nach § 17 HGB. ______________________

____

____

c) Informieren Sie sich über die verschiedenen Firmenarten.

Notieren Sie sich zu jeder der vier verschiedenen Firmenarten mindestens eine real existierende Firma. Sie können dabei Firmen angeben, die vor Ort existieren oder aber auch im Internet Firmen recherchieren.

Firmenarten	Beispiele

d) Beurteilen Sie die folgenden Fälle und geben Sie sinnvolle Lösungsmöglichkeiten:

1. Karola Müller hat sich in der Innenstadt ihren Traum verwirklicht. Sie hat ein eigenes Café eröffnet. Wenige Tage nach Eröffnung erhält sie einen Brief vom Amtsgericht mit der Aufforderung zur Eintragung des Gewerbes in das Handelsregister. Obwohl bereits eine Karola Müller e. K. in der Stadt existiert, will sich Karola unter demselben Namen eintragen lassen. Ihr scheint das möglich, da das andere Unternehmen ja etwas völlig anderes anbietet.

2. Nachdem Karola mit ihrem Ansinnen keinen Erfolg hatte, versucht sie es mit einem einfachen Zusatz. Sie möchte sich nun gerne als Karola Müller, Internationaler Kaffeehandel e. K. eintragen lassen.
3. Bevor sie zum Amtsgericht geht schaut sie sich den Namen noch einmal genauer an und stellt fest, dass ihr der Zusatz e. K. so gar nicht gefällt. Sie möchte diesen Zusatz weglassen.
4. Karola hat die Möglichkeit ein weiteres, schon länger existierendes Café in der Innenstadt zu kaufen. Sie wird auch die Raumkonzeption übernehmen. Da der Kundenstamm hier sehr groß und das Café sehr beliebt ist, wird sie auch die Firma übernehmen. Diese lautet dann weiterhin Martin Schulz e. K.
5. Aktuell versucht Karola, die Firma Martin Schulz e. K. zu verkaufen. Das Café möchte sie allerdings behalten.

Haben Sie folgende Kompetenzen in dieser Lernsituation erworben?	👍	👌	✊	👎
Ich kann ...				
persönliche Voraussetzungen für die Unternehmensgründung einschätzen.				
wirtschaftliche Voraussetzungen für die Unternehmensgründung ermitteln.				
die rechtlichen Voraussetzungen für die Unternehmensgründung bestimmen.				
Kaufmannseigenschaften unterscheiden.				
beurteilen, unter welchen Bedingungen ein nach Art und Umfang eingerichteter Geschäftsbetrieb vorliegt.				
den Istkaufmann konkret erläutern.				
den Kannkaufmann konkret erläutern.				
erklären, was unter einem Handelsregister zu verstehen ist.				
die Wirkung von deklaratorischen und konstitutiven Handelsregistereintragungen beurteilen.				
den Begriff „Firma“ laut HGB definieren.				
Firmengrundsätze aufführen und erläutern.				
unterschiedliche Firmenarten aufzählen.				
die Bedeutung des Firmenkerns definieren.				

Reflexion des Lernerfolgs:

Stellen Sie sich am Ende dieser Lerneinheit folgende Fragen:

Was waren die Inhalte der Lerneinheit? Was ist mir gelungen/was nicht? Warum ist es mir gelungen/nicht gelungen? Welche Methoden/Vorgehensweisen haben mir besonders gut gefallen?

....

....

....

....

Lernsituation 4: Einzelunternehmen, Gesellschaft bürgerlichen Rechts und Personengesellschaften unterscheiden

Infoband 3, LF 9, Kap. 3.

Folgende Kompetenzen können Sie in dieser Lernsituation erwerben:				
Ich kann ...				
die Merkmale eines Einzelunternehmens benennen.				
Chancen und Risiken eines Einzelunternehmens kritisch beleuchten.				
verschiedene Personengesellschaften auflisten.				
die Besonderheiten einer Gesellschaft bürgerlichen Rechts aufführen.				
die Merkmale einer offenen Handelsgesellschaft (OHG) erläutern.				
Rechte und Pflichten von Gesellschaftern einer OHG einschätzen.				
skizzieren, wie die Haftung bei einer OHG geregelt ist.				
eine Gewinnverteilung bei einer OHG vornehmen.				
Auflösungsgründe für eine OHG nennen.				
Chancen und Risiken einer OHG kritisch beleuchten.				
die Merkmale einer Kommanditgesellschaft (KG) erläutern.				
Rechte und Pflichten von Gesellschaftern einer KG einschätzen.				
skizzieren, wie die Haftung bei einer KG geregelt ist.				
eine Gewinnverteilung bei einer KG vornehmen.				
Auflösungsgründe für eine KG nennen.				
Chancen und Risiken einer KG kritisch beleuchten.				

Während Ihrer Ausbildungszeit haben Sie in Ihrem Ausbildungsbetrieb bereits viele Kunden und Lieferanten kennengelernt. In diesem Zusammenhang tauchen immer wieder unterschiedliche Rechtsformen auf, die Ihnen im Einzelnen inhaltlich noch nicht ganz klar sind. Bei einem Gespräch in der Finanzbuchhaltung konnten Sie verfolgen, dass die Rechtsform der Geschäftspartner eine nicht unerhebliche Rolle, insbesondere bei Großaufträgen, für das eigene Unternehmen spielt. Sie fragen Ihre Ausbilderin Frau von Seebach nach Informationen über verschiedene Rechtsformen. Da sich diese Frage für die zukünftigen Auszubildenden ebenfalls stellen wird, hat Frau von Seebach die Idee, dass Sie eine Informationsmappe für alle kommenden Auszubildenden des Unternehmens erstellen sollen. Ihren Schwerpunkt sollen Sie auf Einzelunternehmen und Personengesellschaften legen.

Lernjob 1 Einzelunternehmen definieren

Der 1. Teil der Informationsmappe soll sich mit dem Einzelunternehmen beschäftigen. Die Darstellungsform bleibt dabei Ihnen überlassen. Denken Sie daran, dass es sich beim Adressatenkreis um zukünftige Auszubildende handelt. Sie können Ihre Erläuterungen stichwortartig darstellen, einen Fließtext schreiben, eine Mindmap entwickeln, schriftlich skizzieren usw.

Dabei sollen die Merkmale eines Einzelunternehmens genauso wie auch dessen Chancen und Risiken beleuchtet werden.

Lernjob 2 Gesellschaft bürgerlichen Rechts im Vergleich zur offenen Handelsgesellschaft darstellen

Im 2. Teil der Informationsmappe stellen Sie die Gesellschaft bürgerlichen Rechts der offenen Handelsgesellschaft gegenüber. Erläutern Sie dabei zunächst, was unter einer Gesellschaft bürgerlichen Rechts zu verstehen ist, wo diese gesetzlich geregelt ist und welche Besonderheiten vorliegen.

Arbeiten Sie hierzu ein Infoblatt in DIN A4 aus. Die Strukturierung bleibt dabei Ihnen überlassen.

In einem zweiten Schritt widmen Sie sich der offenen Handelsgesellschaft. Nachdem Sie sich im Infoband über die Merkmale der OHG informiert haben, bereiten Sie Lernkarteikärtchen über die wesentlichen Merkmale vor. Die Vorderseite der Lernkärtchen enthält dabei einen wesentlichen Begriff bzw. wichtigen Zusammenhang und die jeweilige Rückseite die entsprechende Erläuterung. Mithilfe der Lernkärtchen soll ein Schüler die folgenden Fragen klären können:

- Was ist eine OHG?
- Wie kann eine OHG gegründet werden?
- Ist ein Mindestkapital vorgeschrieben?
- Welche gesetzliche Grundlage ist bei der OHG zu beachten?
- Wie muss die Firma einer OHG lauten?
- Wer führt die Geschäfte einer OHG?
- Welche Bedeutung hat das Wettbewerbsverbot für die Gesellschafter?
- Welche Möglichkeit bietet das Kontrollrecht den Gesellschaftern?
- Wie lautet die gesetzliche Vorschrift über die Gewinn- bzw. Verlustverteilung bei einer OHG?
- Welche Rolle spielen Privatentnahmen bei einer OHG?
- Wer vertritt die Gesellschaft nach außen?
- Wie haften die Gesellschafter einer OHG?
- Was bedeutet eine unbeschränkte Haftung?
- Was bedeutet eine unmittelbare Haftung?
- Was bedeutet eine solidarische Haftung?
- Welche Auflösungsgründe gibt es für eine OHG?
- Welche Chancen hat die OHG?
- Welche Risiken hat die OHG?

Nachdem Sie noch einmal überprüft haben, ob Sie mit Ihren Lernkärtchen alle Fragen beantworten können, sollen Sie nun eine Beispielrechnung für eine Gewinnverteilung vorbereiten.

Reflektieren Sie noch einmal die gesetzliche Regelung und nutzen Sie die Beispielrechnung im Infoband. In Ihrer Beispiel-OHG sollen vier Gesellschafter vertreten sein. Die Höhe des Gewinns und die jeweiligen Gesellschaftsanteile sind Ihnen überlassen.

Arbeitsblatt 2

Lernjob 3 Offene Handelsgesellschaft und Kommanditgesellschaft unterscheiden

Im dritten Teil der Informationsmappe stellen Sie die Merkmale einer OHG denen der KG gegenüber.

Arbeitsblatt 3

Reflektieren Sie noch einmal die gesetzliche Regelung der Gewinn- bzw. Verlustverteilung bei der KG und beschreiben Sie, welche Probleme hierbei auftreten können.

Gesetzliche Regelung bzgl. der Gewinn- bzw. Verlustverteilung bei der KG:

Probleme:

Nutzen Sie den unten eingefügten Ausschnitt aus einem Gesellschaftervertrag einer KG und überlegen Sie sich, wie eine von der gesetzlichen Grundlage abweichende Gewinnverteilung aussehen könnte und formulieren diese für den untenstehenden Vertragsausschnitt. Gehen Sie in diesem Fall davon aus, dass zwei Komplementäre (Hans und Sieglinde Hepper) und zwei Kommanditisten (Sofie und Michael Hepper) Gesellschafter der KG sind. Füllen Sie nun den Vertragsausschnitt unter § 7 Gewinn- und Verlustverteilung aus.

Hans hat eine Einlage von 150.000 € geleistet. Sieglinde hat keine Einlage geleistet. Sofies und Michaels Einlagen betragen jeweils 50.000 €.

Auszug aus dem Gesellschaftervertrag der Hepper KG

§ 7 Gewinn- und Verlustverteilung

Nachdem Sie die Regelung zur Gewinnverteilung getroffen haben, berechnen Sie nun die Verteilung eines Gewinns in Höhe von 40.000 € nach den von Ihnen getroffenen Bedingungen.

Wägen Sie außerdem die Vorteile und die Nachteile einer OHG gegenüber einer KG ab.

Vorteile OHG gegenüber KG	
Nachteile OHG gegenüber KG	

Haben Sie folgende Kompetenzen in dieser Lernsituation erworben?	👍	👌	✊	👎
Ich kann ...				
die Merkmale eines Einzelunternehmens benennen.				
Chancen und Risiken eines Einzelunternehmens kritisch beleuchten.				
verschiedene Personengesellschaften auflisten.				
die Besonderheiten einer Gesellschaft bürgerlichen Rechts aufführen.				
die Merkmale einer offenen Handelsgesellschaft (OHG) erläutern.				
Rechte und Pflichten von Gesellschaftern einer OHG einschätzen.				
skizzieren, wie die Haftung bei einer OHG geregelt ist.				
eine Gewinnverteilung bei einer OHG vornehmen.				
Auflösungsgründe für eine OHG nennen.				
Chancen und Risiken einer OHG kritisch beleuchten.				
die Merkmale einer Kommanditgesellschaft (KG) erläutern.				
Rechte und Pflichten von Gesellschaftern einer KG einschätzen.				
skizzieren, wie die Haftung bei einer KG geregelt ist.				
eine Gewinnverteilung bei einer KG vornehmen.				
Auflösungsgründe für eine KG nennen.				
Chancen und Risiken einer KG kritisch beleuchten.				

Reflexion des Lernerfolgs:

Stellen Sie sich am Ende dieser Lerneinheit folgende Fragen:

Was waren die Inhalte der Lerneinheit? Was ist mir gelungen/was nicht? Warum ist es mir gelungen/nicht gelungen? Welche Methoden/Vorgehensweisen haben mir besonders gut gefallen?

Lernsituation 5: Kapitalgesellschaften unterscheiden

Infoband 3, LF 9, Kap. 3.

Folgende Kompetenzen können Sie in dieser Lernsituation erwerben:	👍	👌	👊	👎
Ich kann ...				
erläutern, was unter einer GmbH verstanden wird.				
Bedingungen zur Gründung einer GmbH nennen.				
die gesetzliche Grundlage für die GmbH nennen.				
die Organe einer GmbH unterscheiden.				
Rechte und Pflichten aus dem Gesellschaftervertrag abgleichen.				
die Besonderheiten der Haftung einer GmbH erläutern.				
die Gewinnverteilung erläutern und beispielhaft berechnen.				
Auflösungsgründe für eine GmbH nennen.				
Chancen und Risiken einer GmbH analysieren.				
die Unternehmergesellschaft (haftungsbedingt) (UG) bezogen auf die Merkmale der GmbH ableiten und beschreiben.				
die Rechtsform AG anhand von verschiedenen Merkmalen erklären.				
die Organe einer AG unterscheiden.				
Chancen und Risiken einer AG analysieren.				

Die Idee, eine Informationsmappe für Auszubildende zu erstellen hat Ihnen sehr gut gefallen, schließlich haben Sie dabei bemerken können, dass Sie in der Auseinandersetzung mit den bisher bearbeiteten Rechtsformen, ihr Wissen erweitern konnten. Sie entscheiden sich daher dafür, die Informationsmappe um ausgewählte Kapitalgesellschaften zu erweitern. Da viele der Geschäftspartner Ihres Ausbildungsbetriebs in der Rechtsform eine Gesellschaft mit beschränkter Haftung sind, legen Sie Ihren Schwerpunkt auf diese Rechtsform. Frau von Seebach erklärt Ihnen, dass es auch eine Mini-GmbH gibt, die den Rechtsformzusatz UG erhält. Da Sie selbst Ihre Ausbildung in der Sportina AG absolvieren, liegt auch die Rechtsform AG in Ihrem Interesse.

Lernjob 1 Die Gesellschaft mit beschränkter Haftung (GmbH) erläutern

Informieren Sie sich zunächst im Infoband über die Merkmale und Besonderheiten einer Gesellschaft mit beschränkter Haftung. Gestalten Sie nun **ein** DIN A4 Infoblatt über die Merkmale und Besonderheiten einer GmbH. Da Sie hierbei die vielen Informationen verdichten müssen, folgen Sie dem Motto „in der Kürze liegt die Würze". Bezogen auf die Strukturierung erhalten Sie keine Vorgaben.

Lernjob 2 Die Unternehmergesellschaft (haftungsbedingt) (UG) erklären

Sie können sich noch genau an die Worte Ihrer Ausbilderin erinnern, als sie sagte, dass die UG eine Sondervariante der GmbH ist. Arbeiten Sie daher die Sonderbedingungen einer UG nach folgendem Schema heraus:

Anders als bei einer GmbH ...

Beispiel:
Anders als bei einer GmbH ist bei der UG ein Stammkapital von einem Euro vorgeschrieben.

Zusatzauftrag:

Wenn Sie Ihren Job mit den „Anderssätzen" beendet haben, können Sie zur Lernkontrolle aus dem Lernjob 1 gleichzeitig Fragen zur GmbH formulieren.

Beispiel:
Welches Mindeststammkapital ist bei einer GmbH vorgeschrieben?

Lernjob 3 Die Aktiengesellschaft (AG) umreißen

Um die Merkmale einer Aktiengesellschaft für die Informationsmappe zu veranschaulichen, erstellen Sie eine Mindmap. Wählen Sie hierzu das Format DIN A3. Geben Sie trotzdem nur die wesentlichen Inhalte wieder.

Um Ihre gesamte Infomappe für die Auszubildende attraktiv zu gestalten, erstellen Sie abschließend noch ein geeignetes Deckblatt.

Haben Sie folgende Kompetenzen in dieser Lernsituation erworben?				
Ich kann ...				
erläutern, was unter einer GmbH verstanden wird.				
Bedingungen zur Gründung einer GmbH nennen.				
die gesetzliche Grundlage für die GmbH nennen.				
die Organe einer GmbH unterscheiden.				
Rechte und Pflichten aus dem Gesellschaftervertrag abgleichen.				
die Besonderheiten der Haftung einer GmbH erläutern.				
die Gewinnverteilung erläutern und beispielhaft berechnen.				
Auflösungsgründe für eine GmbH nennen.				
Chancen und Risiken einer GmbH analysieren.				
die Unternehmergesellschaft (haftungsbedingt) (UG) bezogen auf die Merkmale der GmbH ableiten und beschreiben.				
die Rechtsform AG anhand von verschiedenen Merkmalen erklären.				
die Organe einer AG unterscheiden.				
Chancen und Risiken einer AG analysieren.				

Reflexion des Lernerfolgs:

Stellen Sie sich am Ende dieser Lerneinheit folgende Fragen:

Was waren die Inhalte der Lerneinheit? Was ist mir gelungen/was nicht? Warum ist es mir gelungen/nicht gelungen? Welche Methoden/Vorgehensweisen haben mir besonders gut gefallen?

Lernsituation 6: Kapitalbedarf von Unternehmen ermitteln

Infoband 3, LF 9, Kap. 4.

Folgende Kompetenzen können Sie in dieser Lernsituation erwerben:	👍	👌	🤙	👎
Ich kann ...				
Investitionsanlässe unterscheiden.				
den Kapitalbedarf vor Gründung eines Unternehmens beschreiben.				
den Kapitalbedarf bei Gründung eines Unternehmens beschreiben.				
den Kapitalbedarf nach Gründung eines Unternehmens beschreiben.				
Faktoren aufzählen, die den Kapitalbedarf beeinflussen.				
einen Kapitalbedarfsplan aufstellen.				
eine Kapitalbedarfsermittlung für das Anlagevermögen durchführen.				
eine Kapitalbedarfsermittlung für das Umlaufvermögen durchführen.				
den Begriff „Kapitalbindung" erklären.				

Die Reklamationsabteilung meldet sehr hohe Rückläufe bei den Bauchtrainern. Immer wieder lösen sich hier die Griffverschraubungen und die Gummierungen sind nicht sehr langlebig. Gespräche mit dem Lieferanten haben bislang zu keinen Verbesserungen in der Produktqualität geführt. Die Servicemitarbeiter tragen sich schon lange mit dem Gedanken, die Bauchtrainer, die in der Herstellung nicht sehr aufwendig sind, selbst herzustellen. Da die Sportina AG bislang noch nicht im Bereich der Produktion tätig ist, soll ein neues Unternehmen gegründet werden. Einer der Servicemitarbeiter hat zudem eine sehr kreative Idee, wie ein Bauchtrainer der neuen Generation aussehen könnte. Die Geschäftsleitung möchte diese Idee gerne umsetzen. Der Gedanke, einen eigenen Bauchtrainer zu produzieren, gefällt der Unternehmensleitung sehr. Allerdings soll dies in dem neu zu gründenden Unternehmen stattfinden, da sich die Geschäftsleitung bewusst ist, dass hieraus Gewährleistungsansprüche entstehen. Die Sportina AG verkaufte im letzten Jahr 6.780 Bauchtrainer. Der Hype um einen straffen Bauch ist nach wie vor ungebrochen. Für die Produktion der Geräte ist in den Räumlichkeiten der Sportina AG kein Platz. Das neue Unternehmen soll aber in räumlicher Nähe platziert werden. Geplant ist, das neu zu gründende Unternehmen in der Rechtsform einer GmbH zu führen.

Von Ihrer Ausbilderin Frau von Seebach erhalten Sie nun die Aufgabe, sich in Form eines Projekts mit dem Zusammenhang von Kapitalbedarf und Unternehmensgründung auseinanderzusetzen.

Lernjob 1 Checkliste zur Unternehmensgründung vorbereiten

Zunächst sollen Sie sich in Form eines Brainstorming damit auseinandersetzen, welche finanziellen Aufwendungen auf Sie zu kommen. Welche können Sie konkret planen? Welche sind derzeit nicht planbar? Nutzen Sie dazu das Arbeitsblatt 4. Sollten sich Alternativen anbieten, so treffen Sie eine konkrete Entscheidung für eine der Alternativen. Im Zweifel müssen Sie bei der Präsentation Ihres Ergebnisses Ihre Entscheidung begründen. Die jeweiligen Kammern (z. B. IHK) bieten Orientierungshilfen zur Ermittlung des Kapitalbedarfs auf Ihren Internetseiten.

Arbeitsblatt 4

Checkliste

1. Notieren Sie, welche Ausgaben Sie **vor** Gründung dieses Unternehmens haben.
2. Notieren Sie die Ausgaben, die Sie **bei** Gründung des Unternehmens haben.
3. Notieren Sie weiterhin, welche Ausgaben für den eigentlichen Unternehmenszweck, nämlich die Produktion der Bauchtrainer, notwendig werden.

Lernjob 2 Kapitalbedarf für das Anlagevermögen und das Umlaufvermögen ermitteln

Teil A

Nutzen Sie Ihre im Lernjob 1 erstellte Checkliste und markieren Sie die Ausgaben für Güter des Anlagevermögens. Erstellen Sie eine für das Anlagevermögen getrennte Übersicht und geben Sie den von Ihnen errechneten Kapitalbedarf für das Anlagevermögen an.

Vergleichen Sie Ihren Kapitalbedarf mit dem Ihrer Mitschüler. Diskutieren Sie Ihre Ergebnisse und ergänzen Sie, wenn nötig, Ihre eigene Aufstellung.

Teil B

Recherchen haben ergeben, dass die Rohstoffe für den Bauchtrainer mit einem Zahlungsziel von 8 Tagen eingekauft werden können. Durchschnittlich lagern die Rohstoffe 10 Tage, bevor sie in die Produktion gehen. Die Produktion dauert mit Aushärten und Trocknen 3 Tage. Die fertigen Erzeugnisse lagern wahrscheinlich ca. 15 Tage. Die Kunden der Sportina AG erwarten ein Zahlungsziel von 15 Tagen, dies soll auch in dem neuen Unternehmen Zahlungsbedingung sein.
Folgende täglichen Ausgaben konnten ermittelt werden:

- Lohn: 300 €
- Werkstoffeinsatz: 150 €
- Gemeinkosten: 50 €

a) Ermitteln Sie den Kapitalbedarf für das Umlaufvermögen.
b) Bereiten Sie eine Präsentation Ihrer Ergebnisermittlung in PowerPoint vor.

Lernjob 3 Investitionsanlässe einschätzen

Erarbeiten Sie in Form eines Kurzvortrags die unterschiedlichen Investitionsanlässe. Nutzen Sie als Informationsgrundlage die Informationen aus dem Infoband. Nehmen Sie hierbei insbesondere Bezug auf die Neugründung der GmbH.

Haben Sie folgende Kompetenzen in dieser Lernsituation erworben?				
Ich kann …				
Investitionsanlässe unterscheiden.				
den Kapitalbedarf vor Gründung eines Unternehmens beschreiben.				
den Kapitalbedarf bei Gründung eines Unternehmens beschreiben.				
den Kapitalbedarf nach Gründung eines Unternehmens beschreiben.				
Faktoren aufzählen, die den Kapitalbedarf beeinflussen.				
einen Kapitalbedarfsplan aufstellen.				
eine Kapitalbedarfsermittlung für das Anlagevermögen durchführen.				
eine Kapitalbedarfsermittlung für das Umlaufvermögen durchführen.				
den Begriff „Kapitalbindung“ erklären.				

Reflexion des Lernerfolgs:

Stellen Sie sich am Ende dieser Lerneinheit folgende Fragen:

Was waren die Inhalte der Lerneinheit? Was ist mir gelungen/was nicht? Warum ist es mir gelungen/nicht gelungen? Welche Methoden/Vorgehensweisen haben mir besonders gut gefallen?

Lernsituation 7: Kurzfristige Kredite vergleichen

Infoband 3, LF 9, Kap. 5. und 8.

Folgende Kompetenzen können Sie in dieser Lernsituation erwerben:	👍	👌	✊	👎
Ich kann ...				
Merkmale des Kontokorrentkredits erörtern.				
die Rechtsgrundlage des Kontokorrentkredits benennen.				
Chancen des Kontokorrentkredits beurteilen.				
Risiken des Kontokorrentkredits beurteilen.				
erklären, was ein Lieferantenkredit ist.				
die Höhe des Jahreszinses beim Lieferantenkredit berechnen.				
den effektiven Jahreszins beim Lieferantenkredit berechnen.				
die Risiken des Lieferantenkredits beurteilen.				
die Chancen des Lieferantenkredits beurteilen.				
den Finanzierungsgewinn bei Inanspruchnahmen des Skontos errechnen.				
Berechnungen im Kreditbereich durchführen.				

Frau von Seebach hat Ihre Präsentation bzgl. des neuen Unternehmens an die Geschäftsleitung weitergegeben. Die Rückmeldung ist mehr als positiv, Sie können sehr stolz sein. Das neue Unternehmen ist inzwischen beim Registergericht unter der Firma „Sportina Bauchtrainer GmbH" angemeldet worden. Damit endlich auch mit der Produktion begonnen werden kann, hat die Geschäftsleitung ein Kontokorrentkonto für das neue Unternehmen eröffnet.

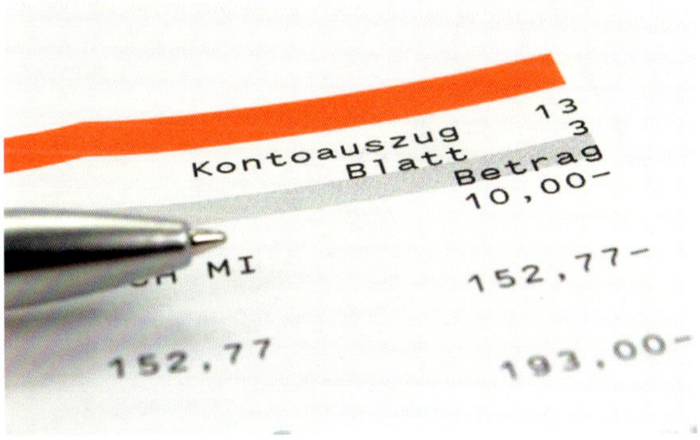

Sie erhalten folgende Hausnotiz:

Vielen Dank für Ihre detaillierte Darstellung des Kapitalbedarfs. Für den Start des Unternehmens stellen wir Ihnen ein derzeit angemietetes Grundstück mit Gebäudekomplex in unserer Nähe zur Verfügung. Des Weiteren haben wir bei der Volkskasse Herne ein Kontokorrentkonto (Habenzins: 0 %; Sollzins: 15 %; Überziehungszins: 18 %; keine weiteren Kosten) für das junge Unternehmen eingerichtet. Die Bankverbindung lautet: DE22 4306 0599 0001 6457 43.

Die Volkskasse räumt Ihnen eine Kreditlinie in Höhe von 50.000 € ein. Ein Startkapital von 10.000 € stellen wir Ihnen zur Verfügung und haben diesen Betrag bereits auf das Konto, für das Sie verfügungsberechtigt sind, überwiesen.

Nun kann es also endlich losgehen. Sie stellen eine Anfrage an verschiedene Rohstofflieferanten, um zunächst das Aluminiumgestell des Bauchtrainers fertigen zu können. Auf Ihre Anfrage erhalten Sie verschiedene Angebote. Aus Gründen der Qualität und des Preises haben Sie sich für das Angebot der Schalker Metallhandel GmbH entschieden und inzwischen auch schon bestellt. Mit Eingang der Lieferung erhalten Sie die folgende Rechnung:

Schalker Metallhandel GmbH
seit 1904
Unsere Erfahrung – Ihre Chance

Schalker Metallhandel GmbH • Westholter Str. 3 • 45894 Gelsenkirchen
Sportina AG
Holsterhauser Straße 202
44625 Herne

Name: Katharina Michl
Telefon: 0209 4962-1415
Telefax: 0209 4962-311400
E-Mail: info@schalker-metallhandel.de

Datum: 17. November 20..

Rechnungsnummer: 432/20.. **Lieferdatum: 12.11.20..**
Kundennummer: 7437

Sehr geehrte Damen und Herren,

für unsere Lieferung an Sie erlauben wir uns folgende Rechnung zu stellen:

Pos.	Bezeichnung	Menge	Einzelpreis	Gesamtpreis
1	Aluminiumrohre (rund) Durchmesser 2,5 cm (3 mm stark) Länge 2m	4.000	5,00 €	20.000,00 €
	zuzüglich 19 % Umsatzsteuer			3.800,00 €
	Bruttobetrag			23.800,00 €

Wir gewähren einen Neukundenrabatt in Höhe von 5 %. Der Rechnungsbetrag ist zahlbar ohne Abzug binnen 30 Tagen. Bei einer Zahlung binnen 14 Tagen gewähren wir Ihnen 3 % Skonto.

Die gelieferte Sache bleibt bis zur vollständigen Erfüllung der Kaufpreisforderung Eigentum des Verkäufers.

Lernjob 1 Kontokorrentkredit analysieren

Informieren Sie sich zunächst im Infoband über die Merkmale eines Kontokorrentkredits und notieren Sie sich diese auf einem Merkblatt. Begründen Sie, welchen Nutzen das Kontokorrentkonto für Ihr Projekt hat und beleuchten Sie evtl. auftretende Probleme.

Lernjob 2 Inanspruchnahme des Lieferantenkredits reflektieren

Berechnen Sie zunächst den Bareinkaufspreis anhand des Ihnen bekannten Kalkulationsschemas.

Ermittlung des Bareinkaufspreises:

Erläutern Sie kurz, mit welcher Problematik Sie sich konfrontiert sehen:

Ermitteln Sie nun die Kosten des Lieferantenkredits (Angabe als Jahreszins in %), nachdem Sie sich zunächst im Infoband über die Berechnung informiert haben.

a) vereinfachte Lösung:

b) effektiver Jahreszins:

Notieren Sie sich Vorteile, die Ihnen der Lieferantenkredit bietet und wägen Sie die Nachteile ab.

Vorteile:

Nachteile:

Lernjob 3 Finanzierungsgewinn berechnen

Ermitteln Sie den Finanzierungsgewinn, der eintritt, wenn Sie den Skonto in Anspruch nehmen, dafür aber ihr neu eröffnetes Konto bereits überziehen müssen. Ihre Berechnungen beziehen Sie auf den Nettobareinkaufspreis. Vergleichen Sie Ihr Ergebnis mit dem Ihres Tischnachbarn und diskutieren Sie Ihr Ergebnis.

Informationen zur Zinsberechnung entnehmen Sie dem Infoband.

Ihr Ergebnis:

Haben Sie folgende Kompetenzen in dieser Lernsituation erworben?	👍	👌	✊	👎
Ich kann ...				
Merkmale des Kontokorrentkredits erörtern.				
die Rechtsgrundlage des Kontokorrentkredits benennen.				
Chancen des Kontokorrentkredits beurteilen.				
Risiken des Kontokorrentkredits beurteilen.				
erklären, was ein Lieferantenkredit ist.				
die Höhe des Jahreszinses beim Lieferantenkredit berechnen.				
den effektiven Jahreszins beim Lieferantenkredit berechnen.				
die Risiken des Lieferantenkredits beurteilen.				
die Chancen des Lieferantenkredits beurteilen.				
den Finanzierungsgewinn bei Inanspruchnahmen des Skontos errechnen.				
Berechnungen im Kreditbereich durchführen.				

Reflexion des Lernerfolgs:

Stellen Sie sich am Ende dieser Lerneinheit folgende Fragen:

Was waren die Inhalte der Lerneinheit? Was ist mir gelungen/was nicht? Warum ist es mir gelungen/nicht gelungen? Welche Methoden/Vorgehensweisen haben mir besonders gut gefallen?

....

....

....

....

....

Lernsituation 8: Unterschiedliche Darlehensarten beurteilen

Infoband 3, LF 9, Kap 5. und 8.

Folgende Kompetenzen können Sie in dieser Lernsituation erwerben:				
Ich kann ...				
verschiedene Darlehensarten unterscheiden.				
Merkmale eines Abzahlungsdarlehens aufführen.				
Merkmale eines Annuitätendarlehens aufführen.				
die Besonderheiten eines Fälligkeitsdarlehens erläutern.				
die jeweiligen Vor- und Nachteile der unterschiedlichen Darlehensarten begründen.				
eine situationsbedingte Entscheidung für eine geeignete Darlehensart treffen.				
einen Tilgungsplan erstellen.				
die Begriffe „Zins“, „Tilgung“, „Gesamtbelastung“ und „Annuität“ erklären.				
eine Darstellung der Gesamtbelastung auf einem Zeitstrahl skizzieren.				

Die erst kürzlich gegründete Sportina Bauchtrainer GmbH entwickelt sich im Sinne der Gesellschafter.

Inzwischen hat sich die Möglichkeit ergeben, die Fertigungsmaschine, die das Unternehmen bisher nur geleast hat, zu kaufen. Die Finanzierung soll über ein Darlehen erfolgen. Die Zinssätze sind jeweils für zehn Jahre festgeschrieben. Aufgrund einer Anfrage bei der Hausbank und bei weiteren Kreditinstituten liegen Ihnen die folgenden Angebote vor:

Jeder hat etwas, das ihn antreibt!

Volkskasse Herne

Volkskasse Herne, Hinter den Wiesen 2 - 4, 44625 Herne

Für Sie zuständig:	Heiko Faust
Abteilung:	Kreditwesen
Telefon:	02323 98-45658
Telefax:	02323 98-45660
E-Mail:	info@volkskasse-herne.de
Internet:	www.volkskasse.de
Datum:	05.02.20..

Sportina Bauchtrainer GmbH
Holsterhauser Straße 206
44625 Herne

Darlehensangebot

Sehr geehrte Damen und Herren,

vielen Dank für Ihr Vertrauen.

Gerne bieten wir Ihnen zur Finanzierung des von Ihnen geplanten Vorhabens ein Abzahlungsdarlehen in Höhe von 30.000 € zu folgenden Konditionen an:

Disagio:	**---**
Zins:	**3 % p. a.**
Tilgung:	**10 %**
Weitere Gebühren:	**---**

Dürfen wir Sie am 12.02.20.. kontaktieren, um noch offene Fragen zu klären? Selbstverständlich können Sie uns auch vorher schon ansprechen.

Eine kundenorientierte Abwicklung sichern wir Ihnen schon heute zu.

Mit freundlichen Grüßen

Volkskasse Herne

i. V. Heiko Faust

Geschäftsführer:
Felix Schulze
Romana Gierst

Amtsgericht Herne HRB 9651
USt.-ID-Nr. DE 811507952
Internet: www.volkskasse.de

Bankverbindung:
BIC GENODED 1G34
IBAN DE45 360 89478 000 0004562

Sparbank
Herne

Hier geht's um Geld!

Sparbank Herne - Müllergasse 12 - 44625 Herne

Sportina Bauchtrainer GmbH
Holsterhauser Straße 206
44625 Herne

Abteilung:	Kredit
Ansprechpartner:	Judith Heinzerling
Telefon:	02323 85-25632
Telefax:	02323 85-25601
E-Mail:	j.heinzerling@sparbank-herne.de
Internet:	www.sparbank-herne.de
Datum:	03.02.20..

Ihre Anfrage vom 27.01.20..

Sehr geehrte Damen und Herren,

vielen Dank für Ihre Anfrage zur Finanzierung einer Sondermaschine über 30.000 €.

Wir freuen uns, Ihnen mitteilen zu können, dass wir Ihr Vorhaben unterstützen wollen. Sie erhalten heute ein Angebot über ein Annuitätendarlehen.

Folgende Konditionen bieten wir Ihnen zur Finanzierung an:

Auszahlung des Darlehens:	**100 %**
Sollzinsen:	**4 %**
Tilgung:	**10 %**

Über die Gelegenheit, das Angebot mit Ihnen persönlich zu besprechen, würden wir uns sehr freuen.

Mit freundlichen Grüßen

Sparbank Herne

i. V. Heinzerling

Geschäftsführer:
Dr. Ferdinand von Schierstein

Amtsgericht Herne HRA 2468
USt.-ID-Nr. DE 124327779
Internet: www.sparbank-herne.de

Bankverbindung:
BIC SPABDEO1SPJ
IBAN DE25 360 59112 000 7897897

Combatbank Herne

Combatbank Herne ▪ Parkstr. 43 ▪ 44625 Herne

Sportina Bauchtrainer GmbH
Holsterhauser Straße 206
44625 Herne

Ihr Zeichen:
Ihre Nachricht vom:
Unser Zeichen: up/Abteilung K III
Unsere Nachricht vom:

Name: Ute Pfalzgraf
Telefon: 02323 23-5634
Telefax: 02323 23-5012
E-Mail: u.pfalzgraf@combatbank-herne.de

Datum: 06.02.20..

Ihre Anfrage vom 27.01.20..

Sehr geehrte Damen und Herren,

gerne wollen wir gemeinsam mit Ihnen Ihr Finanzierungsvorhaben über 30.000 € umsetzen. Derzeit haben wir – angesichts des allgemein niedrigen Zinsniveaus – ein besonders attraktives Angebot für Sie:

Auszahlung des Fälligkeitsdarlehens: 100 %
Sollzinsen: 2,5 %
Tilgung: am Ende der Laufzeit.
(Vorschlag für Ihr persönliches Darlehen: Laufzeit 10 Jahre.)

In einem persönlichen Gespräch können wir die Rahmenbedingungen konkret festlegen. Ich werde mich in den kommenden Tagen telefonisch bei Ihnen melden, um einen Termin mit Ihnen zu vereinbaren.

Mit freundlichen Grüßen

Combatbank Herne

i. A. Ute Pfalzgraf

Geschäftsführung:
Dr. Brigitte Schmier

Amtsgericht Herne HRB 11204
USt.-ID-Nr. DE 187/458/956158
Internet: www.combatbank.de

Bankverbindung:
BIC COMBDEB 1 C45
IBAN DE78 560 75341 000 1281851

Lernjob 1 Abzahlungsdarlehen, Annuitätendarlehen und Fälligkeitsdarlehen vergleichen

Aus den drei Angeboten können Sie die Begriffe „Abzahlungsdarlehen", „Annuitätendarlehen" und „Fälligkeitsdarlehen" entnehmen. Klären Sie zunächst mithilfe des Infobandes die Unterschiede dieser drei Darlehensarten unter Zuhilfenahme von Arbeitsblatt 5.

Arbeitsblatt 5

Lernjob 2 Tilgungspläne erstellen

Nutzen Sie die Vorlage des Tilgungsplans im Infoband und erstellen Sie für die drei angebotenen Darlehen je einen Tilgungsplan über die ersten zehn Jahre.

Treffen Sie im Anschluss daran eine begründete Entscheidung, welches Darlehen Sie in Anspruch nehmen werden! Diskutieren Sie Ihre Entscheidung mit Ihrem Tischnachbarn und verfolgen Sie aufmerksam dessen Argumentation.

Ich entscheide mich für das ____________________, weil ____________________________________

____

____

Haben Sie folgende Kompetenzen in dieser Lernsituation erworben?				
Ich kann ...				
verschiedene Darlehensarten unterscheiden.				
Merkmale eines Abzahlungsdarlehens aufführen.				
Merkmale eines Annuitätendarlehens aufführen.				
die Besonderheiten eines Fälligkeitsdarlehens erläutern.				
die jeweiligen Vor- und Nachteile der unterschiedlichen Darlehensarten begründen.				
eine situationsbedingte Entscheidung für eine geeignete Darlehensart treffen.				
einen Tilgungsplan erstellen.				
die Begriffe „Zins", „Tilgung", „Gesamtbelastung" und „Annuität" erklären.				
eine Darstellung der Gesamtbelastung auf einem Zeitstrahl skizzieren.				

Reflexion des Lernerfolgs:

Stellen Sie sich am Ende dieser Lerneinheit folgende Fragen:

Was waren die Inhalte der Lerneinheit? Was ist mir gelungen/was nicht? Warum ist es mir gelungen/nicht gelungen? Welche Methoden/Vorgehensweisen haben mir besonders gut gefallen?

Lernsituation 9: Selbstfinanzierung und weitere Finanzierungsarten planen

Infoband 3, LF 9, Kap. 5.

Folgende Kompetenzen können Sie in dieser Lernsituation erwerben:	👍	👌	✋	👎
Ich kann ...				
die Selbstfinanzierung erläutern.				
einen geeigneten Vorschlag über die Gewinnverwendung machen.				
erkennen, wann Selbstfinanzierung möglich ist.				
Chancen und Risiken der Selbstfinanzierung beurteilen.				
die Rückflussfinanzierung erläutern.				
erkennen, wann eine Rückflussfinanzierung möglich ist.				
Chancen und Risiken der Rückflussfinanzierung beurteilen.				
die Beteiligungsfinanzierung erläutern.				
erkennen, wann eine Beteiligungsfinanzierung möglich ist.				
Chancen und Risiken der Beteiligungsfinanzierung beurteilen.				
die Finanzierung aus Rückstellungen erläutern.				
erkennen, unter welchen rechtlichen Bedingungen die Finanzierung aus Rückstellungen möglich ist.				
Chancen und Risiken der Finanzierung aus Rückstellungen beurteilen.				

Ziel Ihres jungen Unternehmens soll es zukünftig sein, sich selbst zu finanzieren, das haben Ihnen die Gesellschafter mit auf den Weg gegeben, als die Sportina Bauchtrainer GmbH gegründet wurde. Sie überlegen nun, welche weiteren Möglichkeiten Sie haben, zukünftige Investitionsvorhaben zu finanzieren.

Lernjob 1 Selbstfinanzierung in der GmbH darstellen

Die junge GmbH hat inzwischen das erste Geschäftsjahr beendet. Tatsächlich konnten Sie beim Jahresabschluss einen Gewinn in Höhe von 5.602,12 € verbuchen. Erklären Sie mithilfe der Informationen aus dem Infoband, wie der Gewinn einer GmbH generell verwendet werden kann. Machen Sie den Gesellschaftern Ihrer GmbH einen konkreten Vorschlag, wie Sie den Gewinn verwenden würden, wenn die Anschaffung einer neuen Stanzmaschine im Wert von 4.300 € (netto) angedacht ist. Überzeugen Sie sie von Ihrem Vorschlag mit einem Schreiben, das Sie persönlich an die Gesellschafter formulieren. Die Gesellschafter kommen Ihrem Wunsch nach und belassen den Gewinn im Unternehmen. Sie können sich demnach selbst finanzieren. Machen Sie sich diese Form der Finanzierung noch einmal konkret bewusst, indem Sie eine Mindmap über das Thema „Selbstfinanzierung" erstellen. Berücksichtigen Sie hierbei auch die Chancen und Risiken der Selbstfinanzierung und beschreiben Sie, wie die verdeckte Selbstfinanzierung funktioniert.

Lernjob 2 Weitere Finanzierungsarten erkennen

Auf einer Informationsveranstaltung zum Thema „Existenzgründung" haben Sie unter anderem von folgenden Möglichkeiten zur Finanzierung von Investitionsvorhaben gehört:

- Rückflussfinanzierung
- Beteiligungsfinanzierung
- Finanzierung aus Rückstellungen.

Da Sie noch Neuling sind, haben Sie gemerkt, dass Sie sich zwar unter den Begriffen etwas vorstellen können, aber konkrete inhaltliche Aspekte konnten Sie sich nicht notieren. Um auf zukünftige Managementsitzungen vorbereitet zu sein, erstellen Sie sich eine Argumentationsvorlage zu diesen drei Finanzierungsformen. Nutzen Sie dazu das Arbeitsblatt und die Informationen aus dem Infoband.

Erarbeiten Sie neben den Chancen der jeweiligen Finanzierungsarten auch mögliche Risiken.

Arbeitsblatt 6

Haben Sie folgende Kompetenzen in dieser Lernsituation erworben?				
Ich kann ...				
die Selbstfinanzierung erläutern.				
einen geeigneten Vorschlag über die Gewinnverwendung machen.				
erkennen, wann Selbstfinanzierung möglich ist.				
Chancen und Risiken der Selbstfinanzierung beurteilen.				
die Rückflussfinanzierung erläutern.				
erkennen, wann eine Rückflussfinanzierung möglich ist.				
Chancen und Risiken der Rückflussfinanzierung beurteilen.				
die Beteiligungsfinanzierung erläutern.				
erkennen, wann eine Beteiligungsfinanzierung möglich ist.				
Chancen und Risiken der Beteiligungsfinanzierung beurteilen.				
die Finanzierung aus Rückstellungen erläutern.				
erkennen, unter welchen rechtlichen Bedingungen die Finanzierung aus Rückstellungen möglich ist.				
Chancen und Risiken der Finanzierung aus Rückstellungen beurteilen.				

Reflexion des Lernerfolgs:

Stellen Sie sich am Ende dieser Lerneinheit folgende Fragen:

Was waren die Inhalte der Lerneinheit? Was ist mir gelungen/was nicht? Warum ist es mir gelungen/nicht gelungen? Welche Methoden/Vorgehensweisen haben mir besonders gut gefallen?

Lernsituation 10: Leasing und Factoring als weitere Möglichkeiten der Finanzierung kennenlernen

Infoband 3, LF 9, Kap. 6.

Folgende Kompetenzen können Sie in dieser Lernsituation erwerben:				
Ich kann ...				
Leasing als eine Möglichkeit der Finanzierung erklären.				
den Unterschied des direkten und des indirekten Leasing erklären.				
Leasing in Abhängigkeit des Verwendungszwecks charakterisieren.				
den Unterschied zwischen dem Leasen beweglicher und unbeweglicher Güter bestimmen.				
verschiedene Vertragsausgestaltungen analysieren.				
Vor- und Nachteile des Leasing einschätzen.				
ein Kundengespräch situationsgerecht formulieren.				
in einem Kundengespräch Leasing und Kreditkauf gegeneinander abwägen.				
Vorteile des Leasing und Vorteile des Kreditkaufs reflektieren.				
die Merkmale des Factoring erläutern.				
Factoring skizzieren.				

Die Sportina AG arbeitet seit Jahren erfolgreich mit den unterschiedlichsten Kunden zusammen. Fitnessstudios machen inzwischen einen erheblichen Anteil der Kunden aus. Anhand einer Kundenanalyse, die die Sportina AG in Auftrag gegeben hat, haben sich mehrere Unternehmen dieses Bereichs inzwischen als A-Kunden etabliert.

Mitarbeiter des Vertriebs besuchen mehrmals im Geschäftsjahr die Kunden, um neue Produkte vorzustellen, aber auch um die Kundenzufriedenheit in Gesprächen zu beobachten. Die Rückmeldungen über die Zufriedenheit bzgl. der Produkte, die die Sportina AG in ihrem Sortiment führt, sind durchaus positiv. Auch der selbstgefertigte Bauchtrainer kommt sehr gut an. Allerdings häufen sich die Nachfragen einiger Großkunden, ob die gelieferten Artikel bzw. Produkte auch geleast werden könnten.

Die Geschäftsleitung bittet Sie, sich mit dieser Finanzierungsmöglichkeit auseinanderzusetzen, um ein geeignetes Konzept zu entwickeln.

Lernjob 1 Leasing als besondere Finanzierungmöglichkeit vorschlagen

Hausmitteilung

Die Rückmeldung unserer Mitarbeiter, die im vergangenen Januar einen Messestand auf der Internationalen Sportartikelmesse ispo in München betreut haben, war mehr als positiv.

Viele neue Kontakte zu Herstellern neuartiger Produkte, insbesondere neuer Fitnessgeräte, konnten geknüpft werden. Auch mit potenziellen Kunden konnten Gespräche geführt werden.

Um in Zukunft adäquat auf unsere Kunden eingehen zu können, planen wir die Einführung von Leasingmodellen. Viele Kunden wünschen sich diese Finanzierungsmöglichkeit und wir hoffen auf eine Umsatzsteigerung, wenn wir auf diesen Wunsch eingehen können.

Bitte unterstützen Sie uns in unserem Vorhaben und arbeiten Sie eine geeignete Vorlage für einen Leasingvertrag aus. Unsere Rechtsabteilung wird Ihre Vorlage rechtlich prüfen und ggf. verbessern.

Informieren Sie sich zunächst im Infoband über die Merkmale des Leasing und die verschiedenen Gestaltungsmöglichkeiten von Leasingverträgen. Um einen ersten Überblick zu erhalten erstellen Sie eine Mindmap zum Kernthema „Leasing“.

Bereiten Sie nun ein Vertragsformular (in Word, eine DIN A4-Seite) für zukünftige Leasingverträge in Ihrem Unternehmen vor. Um die Geschäftsleitung zu informieren, fügen Sie ein Infoblatt bei, in dem Sie konkret Ihre Ausgestaltung begründen. (Beispiel: Ich wähle das direkte Leasing, weil ...)

Lernjob 2 Leasing oder Kreditkauf auswählen

Die Sportina AG plant eine Verkaufsschulung, in der unter anderem Argumente für und wider Leasing bzw. Kreditkauf geübt werden sollen.

Formulieren Sie ein fiktives Kundengespräch, bei dem Sie aus Kundensicht Fragen zu dieser Alternativmöglichkeit stellen und formulieren Sie sachgerechte Antworten aus Sicht der Sportina AG.

Lernjob 3 Factoring beschreiben

In einer Wirtschaftszeitung haben Sie gelesen, dass Factoring-Gesellschaften über den Ankauf von Forderungen Finanzierungsmöglichkeiten bieten. Es ist Ihnen allerdings noch nicht ganz klar, wie diese Form der Finanzierung funktioniert. Bereiten Sie eine Livegrafik vor, die Sie später vor Ihren Mitschülern entwerfen können. Notizen zum Thema „Factoring“ machen Sie sich bitte auf handtellergroßen Notizzetteln. Vielleicht gelingt es Ihnen später sogar, die Livegrafik ohne Unterstützung Ihrer Notizzettel zu entwerfen.

Haben Sie folgende Kompetenzen in dieser Lernsituation erworben?				
Ich kann ...				
Leasing als eine Möglichkeit der Finanzierung erklären.				
den Unterschied des direkten und des indirekten Leasing erklären.				
Leasing in Abhängigkeit des Verwendungszwecks charakterisieren.				
den Unterschied zwischen dem Leasen beweglicher und unbeweglicher Güter bestimmen.				
verschiedene Vertragsausgestaltungen analysieren.				
Vor- und Nachteile des Leasing einschätzen.				
ein Kundengespräch situationsgerecht formulieren.				
in einem Kundengespräch Leasing und Kreditkauf gegeneinander abwägen.				
Vorteile des Leasing und Vorteile des Kreditkaufs reflektieren.				
die Merkmale des Factoring erläutern.				
Factoring skizzieren.				

Reflexion des Lernerfolgs:

Stellen Sie sich am Ende dieser Lerneinheit folgende Fragen:

Was waren die Inhalte der Lerneinheit? Was ist mir gelungen/was nicht? Warum ist es mir gelungen/nicht gelungen? Welche Methoden/Vorgehensweisen haben mir besonders gut gefallen?

Lernsituation 11: Blankokredit und verstärkten Personalkredit erklären

Infoband 3, LF 9, Kap. 7.

Folgende Kompetenzen können Sie in dieser Lernsituation erwerben:	👍	👌	👎 (seitlich)	👎
Ich kann …				
erklären, was ein Blankokredit ist.				
beurteilen, unter welchen besonderen Umständen der Kreditgeber bereit ist, einen Blankokredit zu gewähren.				
begründen, dass die Bürgschaft wie auch der Blankokredit ein Personalkredit ist.				
den Bürgschaftskredit skizzieren.				
die gesetzliche Grundlage für den Bürgschaftskredit wiedergeben.				
die Bedeutung der Einrede der Vorausklage erörtern.				
die Ausfallbürgschaft von der selbstschuldnerischen Bürgschaft unterscheiden.				
Vor- und Nachteile der Bürgschaft als Kreditsicherheit benennen.				
das Problem der Finanzierung des Netto- bzw. Bruttobetrags lösen.				
den Eigentumsvorbehalt erklären.				
den einfachen Eigentumsvorbehalt erkennen.				
den verlängerten Eigentumsvorbehalt erläutern.				
den erweiterten Eigentumsvorbehalt erläutern.				

(Fortsetzung der Lernsituation 8)

Das Finanzierungsvorhaben der Sondermaschine soll nun endlich realisiert werden. Nach den Gesprächen mit den verschiedenen Banken hat sich die Geschäftsleitung für das Darlehen bei der Hausbank entschieden. Sie durften bei den bisherigen Kreditgesprächen anwesend sein und haben im Lauf der Gespräche immer wieder die Diskussion über verschiedene Möglichkeiten der Besicherung von Krediten gehört.

Lernjob 1 Den Blankokredit erläutern

Nutzen Sie die Informationen aus dem Infoband und definieren Sie, was unter einem Blankokredit zu verstehen ist. Prüfen Sie außerdem, ob und unter welchen Umständen die Hausbank einen Kredit in dieser Form gewähren wird.

Wie kann es Ihnen gelingen, dass Ihnen Ihre Hausbank einen solchen Kredit anbietet? Bereiten Sie eine kurze Argumentationshilfe vor, in der Sie Argumente für ein Gespräch mit dem Bankmitarbeiter sammeln. Zur Vorbereitung auf das Bankgespräch führen Sie ein Gespräch mit Ihrem Tischnachbarn.

Definition:

Ein Blankokredit ist ______________________________

____

Lernjob 2 Eine Bürgschaft bewerten

Die Hausbank verlangt als Sicherheit für das Darlehen eine Bürgschaft der Sportina AG.
Fertigen Sie einen Spickzettel an, um sich mit den Merkmalen und Besonderheiten verschiedener Bürgschaftsarten vertraut zu machen.

Lernjob 3 Die Finanzierung des Netto- oder des Bruttobetrags einschätzen

Inzwischen haben Sie die Sondermaschine bestellt. Am vergangenen Freitag wurde Sie von dem Hersteller geliefert und auch in Betrieb genommen. Die folgende Rechnung wurde Ihnen ebenfalls schon zugesendet.

Schalker Metallhandel GmbH
seit 1904
Unsere Erfahrung – Ihre Chance

Schalker Metallhandel GmbH • Westholter Str. 3 • 45894 Gelsenkirchen
Sportina AG
Holsterhauser Straße 202
44625 Herne

Name: Katharina Michl
Telefon: 0209 49 62 14 15
Telefax: 0209 49 62 31 14 00
E-Mail: info@schalker-metallhandel.de

Datum: 25. März 20..

Rechnungsnummer: 506/20.. **Lieferdatum: 21.03.20..**
Kundennummer: 7437

Sehr geehrte Damen und Herren,

für unsere Lieferung an Sie erlauben wir uns folgende Rechnung zu stellen:

Pos.	Bezeichnung	Menge	Einzelpreis	Gesamtpreis
1	Sondermaschine LT 3000 zuzüglich 19 % Umsatzsteuer Bruttobetrag	1	30.000,00 €	30.000,00 € 5.700,00 € 35.700,00 €

Der Rechnungsbetrag ist zahlbar ohne Abzug binnen 30 Tagen. Bei einer Zahlung binnen 14 Tagen gewähren wir Ihnen 3 % Skonto.

Die gelieferte Sache bleibt bis zur vollständigen Erfüllung der Kaufpreisforderung Eigentum des Verkäufers.

Mit Entsetzen betrachten Sie den Rechnungsbetrag. In Ihrer Euphorie haben Sie nicht bedacht, dass die Maschine mit Umsatzsteuer geliefert wird. Schlagen Sie Lösungsmöglichkeiten im Umgang mit diesem Problem vor.

Lernjob 4 Eigentumsvorbehalte unterscheiden

Weiterhin entnehmen Sie der vorliegenden Rechnung, dass die Sondermaschine erst in das Eigentum der Sportina Bauchtrainer GmbH übergeht, wenn die Rechnung vollständig gezahlt ist. Klären Sie die Bedeutung des Eigentumsvorbehalts, indem Sie das beigefügte Arbeitsblatt 1 ergänzen.

Arbeitsblatt 7

Haben Sie folgende Kompetenzen in dieser Lernsituation erworben?				
Ich kann ...				
erklären, was ein Blankokredit ist.				
beurteilen, unter welchen besonderen Umständen der Kreditgeber bereit ist, einen Blankokredit zu gewähren.				
begründen, dass die Bürgschaft wie auch der Blankokredit ein Personalkredit ist.				
den Bürgschaftskredit skizzieren.				
die gesetzliche Grundlage für den Bürgschaftskredit wiedergeben.				
die Bedeutung der Einrede der Vorausklage erörtern.				
die Ausfallbürgschaft von der selbstschuldnerischen Bürgschaft unterscheiden.				
Vor- und Nachteile der Bürgschaft als Kreditsicherheit benennen.				
das Problem der Finanzierung des Netto- bzw. Bruttobetrags lösen.				
den Eigentumsvorbehalt erklären.				
den einfachen Eigentumsvorbehalt erkennen.				
den verlängerten Eigentumsvorbehalt erläutern.				
den erweiterten Eigentumsvorbehalt erläutern.				

Reflexion des Lernerfolgs:

Stellen Sie sich am Ende dieser Lerneinheit folgende Fragen:

Was waren die Inhalte der Lerneinheit? Was ist mir gelungen/was nicht? Warum ist es mir gelungen/nicht gelungen? Welche Methoden/Vorgehensweisen haben mir besonders gut gefallen?

....

....

....

....

....

....

....

Lernsituation 12: Verschiedene Realkreditsicherheiten beurteilen

Infoband 3, LF 9, Kap. 6. und 7.

Folgende Kompetenzen können Sie in dieser Lernsituation erwerben:	👍	👌	🤏	👎
Ich kann ...				
für einen Kredit geeignete Sicherheiten in der Bilanz erkennen.				
das Wesen der Sicherungsübereignung erläutern.				
für eine Sicherungsübereignung geeignete Sicherheiten benennen.				
das Wesen des Lombardkredits erläutern.				
für einen Lombardkredit geeignete Sicherheiten benennen.				
die Vorteile der Sicherungsübereignung gegenüber dem Lombardkredit einschätzen.				
das Wesen der Zession erläutern.				
die Zession im Vergleich zum Factoring darstellen.				
bei einer bevorstehenden Finanzierung eine Entscheidung zugunsten der Zession oder des Factoring begründet treffen.				
für eine Zession geeignete Sicherheiten in der Bilanz erkennen.				
die Grundpfandrechte umreißen.				
die Unterschiede zwischen einer Hypothek und einer Grundschuld bestimmen.				
für Grundpfandrechte geeignete Sicherheiten benennen.				

Um zukünftig auf Kreditgespräche vorbereitet zu sein, sollen verschiedene Kreditsicherheiten im Unternehmen beurteilt werden. Sie erhalten von Ihrer Ausbilderin Frau von Seebach daher den Auftrag, mithilfe einer Internetrecherche diverse Bilanzen mit dem Blick auf mögliche Kreditsicherheiten anzuschauen.

Lernjob 1 Die Sicherungsübereignung darstellen

Heute Morgen haben Sie beim Betreten des Firmengeländes die 4 neuen Transporter entdeckt. Ihr Abteilungsleiter, Herr Brockmann, erklärt Ihnen, dass die Fahrzeuge zur Auslieferung der Fitnessgeräte angeschafft wurden. Zur Finanzierung wurde mit der Hausbank ein Sicherungsübereignungsvertrag geschlossen. Bisher haben Sie noch nie etwas von der Sicherungsübereignung als Kreditsicherheit gehört. Informieren Sie sich über diese Möglichkeit der Besicherung von Krediten im Infoband. Ermitteln Sie weitere geeignete Anlagegüter, die hierfür zur Verfügung stehen und bereiten Sie eine Kurzpräsentation vor, in der Sie die Sicherungsübereignung erklären.

Lernjob 2 Einen Lombardkredit erörtern

Informieren Sie sich im Infoband über das Wesen des Lombardkredits und verfassen Sie einen kurzen Spickzettel über diese Inhalte. Prüfen Sie, ob die von ihnen in Lernjob 1 festgestellten Anlagegüter auch für einen Lombardkredit geeignet sind und begründen Sie Ihre Ergebnisse.

Lernjob 3 Zession und Factoring unterscheiden

In Lernsituation 10 haben Sie bereits das Factoring kennengelernt. Informieren Sie sich nun im Infoband über die Inhalte einer Zession und erstellen Sie hierzu eine Vergleichsübersicht.

Notieren Sie sich jeweils Gründe, die Sie dazu veranlassen, sich bei einem Finanzierungsbedarf an eine Bank oder an eine Factoringgesellschaft zu wenden.

Lernjob 4 Hypothek und Grundschuld unterscheiden

Ihre Ausbilderin hat Ihnen erläutert, dass der letzte Kredit der Hausbank durch ein Grundpfandrecht besichert wurde. Bereiten Sie eine Livegrafik zum Thema „Grundpfandrechte“ vor. Achten Sie dabei darauf, dass Sie die Unterscheidung zwischen einer Hypothek und einer Grundschuld deutlich veranschaulichen. Schauen Sie im Internet nach weiteren geeigneten Sicherheiten.

Haben Sie folgende Kompetenzen in dieser Lernsituation erworben?	👍	👌	🤚	👎
Ich kann ...				
für einen Kredit geeignete Sicherheiten in der Bilanz erkennen.				
das Wesen der Sicherungsübereignung erläutern.				
für eine Sicherungsübereignung geeignete Sicherheiten benennen.				
das Wesen des Lombardkredits erläutern.				
für einen Lombardkredit geeignete Sicherheiten benennen.				
die Vorteile der Sicherungsübereignung gegenüber dem Lombardkredit einschätzen.				
das Wesen der Zession erläutern.				
die Zession im Vergleich zum Factoring darstellen.				
bei einer bevorstehenden Finanzierung eine Entscheidung zugunsten der Zession oder des Factoring begründet treffen.				
für eine Zession geeignete Sicherheiten in der Bilanz erkennen.				
die Grundpfandrechte umreißen.				
die Unterschiede zwischen einer Hypothek und einer Grundschuld bestimmen.				
für Grundpfandrechte geeignete Sicherheiten benennen.				

Reflexion des Lernerfolgs:

Stellen Sie sich am Ende dieser Lerneinheit folgende Fragen:

Was waren die Inhalte der Lerneinheit? Was ist mir gelungen/was nicht? Warum ist es mir gelungen/nicht gelungen? Welche Methoden/Vorgehensweisen haben mir besonders gut gefallen?

....

....

....

....

....

....

....

....

....

....

....

....

Lernsituation 13: Ein eigenes Unternehmen gründen

Infoband 3, LF 9.

Folgende Kompetenzen können Sie in dieser Lernsituation erwerben:				
Ich kann ...				
den Vorgang einer Unternehmensgründung planen.				
für eine Geschäftsidee eine Lösung entwickeln.				
die Vorgehensweise einer Unternehmensgründung erörtern.				
eine Unternehmensgründung durchführen.				
wirtschaftliche und rechtliche Aspekte bei einer Unternehmensgründung benennen.				
wirtschaftliche und rechtliche Aspekte bei einer Unternehmensgründung berücksichtigen.				
Schnittstellen in diesem Prozess verknüpfen.				
Gesamtzusammenhänge erkennen und für eine Unternehmensgründung nutzen.				
meine dargestellte Lösung reflektieren.				
die Qualität meiner Lösung beurteilen.				
die Realisierbarkeit meiner Überlegungen kritisch hinterfragen.				
Erfolge und Misserfolge ableiten.				
ein Projekt entweder alleine oder in einem Team bearbeiten.				
eine Präsentation halten und dafür geeignete Medien auswählen.				

Das Ende Ihrer eigenen Ausbildungszeit naht. Der Leiter der Personalabteilung hat sich bisher immer noch nicht geäußert, ob Sie in das Angestelltenverhältnis übernommen werden. Sie haben inzwischen viel Wissen um die Gründung von Unternehmen gesammelt und wollen das Szenario „Unternehmensgründung“ einmal konkret durchspielen. Überlegen Sie sich zunächst eine Geschäftsidee. Dabei können Sie kreativ sein, aber auch bestehende Geschäftsideen weiterentwickeln. Sie können ein Produkt als Grundlage wählen, aber auch der Bereich der Dienstleistung lässt viele Möglichkeiten offen.

Lernjob 1 Ich gründe mein eigenes Unternehmen

Nutzen Sie die Informationen, die Sie bisher in den Lernsituationen 1 bis 12 sammeln konnten und beschreiben Sie den Prozess einer Unternehmensgründung. Beachten Sie bei der Beschreibung des Prozesses, dass Sie die Aufgabenkreise der

- Planung
- Durchführung
- Gesamtzusammenhänge
- Kontrolle

berücksichtigen.

Um den Prozess der Unternehmensgründung beschreiben zu können, stellen Sie sich gegenständliche Fragen. Folgende Fragen sollen Ihnen eine Hilfestellung zum Einstieg sein:

Planung:

- Was benötige ich, um ein Unternehmen zu gründen?
- Welche Idee will ich verwirklichen?
- Gibt es am Markt einen Bedarf für meine Idee?
- Welches Verfahren ist für die Umsetzung geeignet?
- usw.

Durchführung:

- Wie führe ich die Unternehmensgründung durch?
- Was muss ich bei der Durchführung berücksichtigen?
- Welche Rechtsform melde ich beim Handelsregister an?
- Wie finanziere ich die geplanten Ausgaben?
- usw.

Gesamtzusammenhänge:

- Wer ist von meiner Unternehmensgründung betroffen?
- Wie beeinflusst mich die Unternehmensgründung?
- Welche rechtlichen Grundlagen muss ich berücksichtigen?
- Wer sind meine Konkurrenten?
- usw.

Kontrolle:

- Wie zufrieden bin ich mit meinem Ergebnis?
- Ist meine Gründungsidee umsetzbar?
- Kann ich mit meiner Unternehmensgründung am Markt bestehen?
- Kann ich mich in Zukunft selbst finanzieren?
- usw.

Sie können diesen Fragekatalog beliebig ergänzen. Je mehr Fragen Sie stellen und beantworten können, umso genauer werden Sie einen Prozess beschreiben. Sie können aber auch erst einmal mit der Prozessbeschreibung loslegen und im Nachgang die vier Arbeitsbereiche anhand von Fragen veranschaulichen. Je nach zeitlicher Vorgabe haben Sie die Möglichkeit, Ihre Idee in Form eines Businessplans zu verfassen. Informieren Sie sich im Internet, wie ein Businessplan erstellt wird.

In der Umsetzung können Sie sich einen oder mehrere Partner holen (fragen Sie Ihre Mitschüler) und die Gründung des Unternehmens gemeinsam beschreiben. Berücksichtigen Sie dies bei der Wahl der Rechtsform.

Lernjob 2 Umsetzung der Unternehmensgründung präsentieren

Bereiten Sie zum Abschluss eine Präsentation vor, um den Prozess der Unternehmensgründung Ihren Mitschülern vorzuführen. Nutzen Sie hierzu geeignete Präsentationsmedien.

Haben Sie folgende Kompetenzen in dieser Lernsituation erworben?				
Ich kann ...				
den Vorgang einer Unternehmensgründung planen.				
für eine Geschäftsidee eine Lösung entwickeln.				
die Vorgehensweise einer Unternehmensgründung erörtern.				
eine Unternehmensgründung durchführen.				
wirtschaftliche und rechtliche Aspekte bei einer Unternehmensgründung benennen.				
wirtschaftliche und rechtliche Aspekte bei einer Unternehmensgründung berücksichtigen.				
Schnittstellen in diesem Prozess verknüpfen.				
Gesamtzusammenhänge erkennen und für eine Unternehmensgründung nutzen.				
meine dargestellte Lösung reflektieren.				
die Qualität meiner Lösung beurteilen.				
die Realisierbarkeit meiner Überlegungen kritisch hinterfragen.				
Erfolge und Misserfolge ableiten.				
ein Projekt entweder alleine oder in einem Team bearbeiten.				
eine Präsentation halten und dafür geeignete Medien auswählen.				

Reflexion des Lernerfolgs:

Stellen Sie sich am Ende dieser Lerneinheit folgende Fragen:

Was waren die Inhalte der Lerneinheit? Was ist mir gelungen/was nicht? Warum ist es mir gelungen/nicht gelungen? Welche Methoden/Vorgehensweisen haben mir besonders gut gefallen?

Arbeitsblatt 1

Raum für Vermerke des Gerichts

Antrag auf Erlass eines Mahnbescheids

– Nicht verwendbar für Rechtsanwälte und registrierte Inkassodienstleister –

Zeilen-Nummer

1 Datum des Antrags | C | **Bitte beachten Sie die Ausfüllhinweise!**

2 **Antragsteller**

Bei mehreren Antragstellern: Es wird versichert, dass der in Spalte 1 Bezeichnete bevollmächtigt ist, die weiteren zu vertreten.

Spalte 1

3 1 = Herr, 2 = Frau — Vorname

4 Nachname

5 Straße, Hausnummer – **bitte kein Postfach!** –

6 Postleitzahl | Ort | Ausl. Kz.

Spalte 2 **Weiterer Antragsteller**

1 = Herr, 2 = Frau — Vorname

Nachname

Straße, Hausnummer – **bitte kein Postfach!** –

Postleitzahl | Ort | Ausl. Kz.

7 **Spalte 3** **Nur Firma, juristische Person u. dgl. als Antragsteller** — Rechtsform, z. B. GmbH, AG, OHG, KG

8 3 = **nur** Einzelfirma 4 = **nur** GmbH u. Co KG **sonst Rechtsform:** — Vollständige Bezeichnung

9 Fortsetzung von Zeile 9

10 Straße, Hausnummer – **bitte kein Postfach!** – | Postleitzahl | Ort | Ausl. Kz.

11 **Gesetzlicher Vertreter**

12 *Nr. der Spalte, in der der Vertretene bezeichnet ist* — Stellung (z. B. Geschäftsführer, Vater, Mutter, Vormund)

13 Vor- und Nachname

14 Straße, Hausnummer – **bitte kein Postfach!** –

15 Postleitzahl | Ort | Ausl. Kz.

Gesetzlicher Vertreter (auch weiterer)

Nr. der Spalte, in der der Vertretene bezeichnet ist — Stellung

Vor- und Nachname

Straße, Hausnummer – **bitte kein Postfach!** –

Postleitzahl | Ort | Ausl. Kz.

16

17 **Antragsgegner**

Falls der Antragsgegner unter das Zusatzabkommen zum NATO-Truppenstatut fällt, bitte Ausfüllhinweise beachten.

Antragsgegner sind Gesamtschuldner

Spalte 1

18 1 = Herr, 2 = Frau — Vorname

19 Nachname

20 Straße, Hausnummer – **bitte kein Postfach!** –

21 Postleitzahl | Ort | Ausl. Kz.

Spalte 2 **Weiterer Antragsgegner**

1 = Herr, 2 = Frau — Vorname

Nachname

Straße, Hausnummer – **bitte kein Postfach!** –

Postleitzahl | Ort | Ausl. Kz.

22 **Spalte 3** **Nur Firma, juristische Person u. dgl. als Antragsgegner** — Rechtsform, z. B. GmbH, AG, OHG, KG

23 3 = **nur** Einzelfirma 4 = **nur** GmbH u. Co KG **sonst Rechtsform:** — Vollständige Bezeichnung

24 Fortsetzung von Zeile 24

25 Straße, Hausnummer – **bitte kein Postfach!** – | Postleitzahl | Ort | Ausl. Kz.

26 **Gesetzlicher Vertreter**

27 *Nr. der Spalte, in der der Vertretene bezeichnet ist* — Stellung (z. B. Geschäftsführer, Vater, Mutter, Vormund)

28 Vor- und Nachname

29 Straße, Hausnummer – **bitte kein Postfach!** –

30 Postleitzahl | Ort | Ausl. Kz.

Gesetzlicher Vertreter (auch weiterer)

Nr. der Spalte, in der der Vertretene bezeichnet ist — Stellung

Vor- und Nachname

Straße, Hausnummer – **bitte kein Postfach!** –

Postleitzahl | Ort | Ausl. Kz.

31

EMA1 /1 BW EMA1 /1R

Fassung 01. 06. 2010

Bitte die nächste Vordruckseite beachten!

Arbeitsblatt 2

Gewinn- bzw. Verlustverteilung bei einer OHG

Wird im Gesellschaftsvertrag keine Vereinbarung bezüglich der Gewinn- bzw. Verlustverteilung getroffen, so sieht das HGB in § 121 folgende gesetzliche Grundlage vor:

Eigene Beispielrechnung zur Gewinnverteilung:

Kapitaleinlage 1. Gesellschafter: ______________________________

Kapitaleinlage 2. Gesellschafter: ______________________________

Kapitaleinlage 3. Gesellschafter: ______________________________

Kapitaleinlage 4. Gesellschafter: ______________________________

Höhe des zu verteilenden Gewinns: ______________________________

Rechnung:

Arbeitsblatt 3

Merkmal	OHG	KG
Wesen		
Gründung		
Gesetzliche Grundlage		
Firma		
Rechte und Pflichten (Innenverhältnis)		
Rechte und Pflichten (Außenverhältnis)		
Haftung		
gesetzliche Gewinnverteilung		
Auflösungsgründe		

Arbeitsblatt 4

Daran muss ich **vor** Gründung des Unternehmens denken!	einmalige Ausgaben	laufende Ausgaben	Bis wann erledigen?
Summe Ausgaben (geplant)			
Daran muss ich **bei** Gründung des Unternehmens denken!	einmalige Ausgaben	laufende Ausgaben	Bis wann erledigen?
Summe Ausgaben (geplant)			
Daran muss ich **nach** Gründung des Unternehmens denken!	einmalige Ausgaben	laufende Ausgaben	Bis wann erledigen?
Summe Ausgaben (geplant)			

Arbeitsblatt 5

Darlehensarten im Vergleich

Merkmale eines Darlehens:

Besonderheiten des **Abzahlungsdarlehens:**

Darstellung von Zins, Tilgung und Gesamtbelastung auf einem Zeitstrahl:

Besonderheiten des **Annuitätendarlehens:**

Darstellung von Zins, Tilgung und Gesamtbelastung auf einem Zeitstrahl:

Besonderheiten des **Fälligkeitsdarlehens:**

Darstellung von Zins, Tilgung und Gesamtbelastung auf einem Zeitstrahl:

Arbeitsblatt 6

Weitere Finanzierungsarten

	Rückflussfinanzierung	Beteiligungsfinanzierung	Finanzierung aus Rückstellungen
Erklärung/Erläuterung			
Besonderheiten/ besondere Bemerkungen			
Chancen			
Risiken			

Arbeitsblatt 7

Der Eigentumsvorbehalt

Rechtsgrundlage:	
Bedeutung:	
Der einfache Eigentumsvorbehalt:	
Der verlängerte Eigentumsvorbehalt:	
Der erweiterte Eigentumsvorbehalt:	
Vorteile für den Verkäufer der Sache:	
Nachteile für den Verkäufer der Sache:	

Lernfeld 10 Wertschöpfungsprozesse erfolgsorientiert steuern

Sie sind Auszubildender der Sportina AG. Das Unternehmen bietet Sportgeräte und Sportbekleidung an. Die Sportgeräte werden als Handelswaren bezogen und verkauft, während die Sportbekleidung zum größten Teil selbst hergestellt und verkauft wird. Sie durchlaufen als Auszubildender nun die Abteilung Controlling und sind hier für die Erfassung der Kosten, die Kalkulation der Preise und die Entscheidungsvorbereitung für die Geschäftsleitung zuständig. Ihre Ansprechpersonen sind insbesondere Frau Hofmeister und Herr Neufeld.

MEDIEN

Sofern zur Lösung der einzelnen Lernsituationen und deren Lernjobs Arbeitsblätter verwendet werden, sind diese am Ende des Lernfelds abgedruckt. Darüber hinaus stehen sie in Kiehl DIGITAL zum kostenfreien Download bereit.

Lernsituation 1: Grundlagen der Kosten- und Leistungsrechnung kennenlernen

Infoband 3, LF 10, Kap. 1.

Folgende Kompetenzen können Sie in dieser Lernsituation erwerben:				
Ich kann ...				
die Kosten- und Leistungsrechnung vom betrieblichen Rechnungswesen und von der Investitionsrechnung abgrenzen.				
die Aufgaben der Kosten- und Leistungsrechnung zusammenstellen.				
die Systeme der Kosten- und Leistungsrechnung unterscheiden.				
Kostenarten den Einzel- oder Gemeinkosten zuordnen.				
Kostenarten als variable und fixe Kosten erkennen.				

Sie sind nun neu in der Abteilung Controlling/Kostenrechnung und müssen sich zunächst ein Bild über Aufgaben und Gegenstand dieser Abteilung machen. Sie fragen Frau Hofmeister zunächst, warum die Kosten- und Leistungsrechnung für die Sportina AG so wichtig ist. Darauf gibt Sie Ihnen folgende Antwort: *„Es gibt immer Gründe, sich mit den Kosten im Unternehmen zu beschäftigen. In Krisenzeiten müssen die Kosten gesenkt werden, um damit auch die finanzielle Belastung zu senken und die Erträge zu steigern. Denn so kann die Gefahr gesenkt werden, dass das Unternehmen zahlungsunfähig wird. Aber auch in guten Zeiten sollte man durch Senkung der Kosten versuchen, wettbewerbsfähig zu bleiben. Gleichzeitig können Gewinnüberschüsse für schlechte Zeiten zurückgelegt werden."*

Lernjob 1 Aufgabe der Kosten- und Leistungsrechnung

Die Aussage der Abteilungsleiterin leuchtet Ihnen ein und Sie befassen sich nun konkreter mit den Aufgaben der Kosten- und Leistungsrechnung.

a) Informieren Sie sich im Infoband über die Aufgaben der Kosten- und Leistungsrechnung und grenzen Sie diese von der Buchführung einerseits und der Investitionsrechnung andererseits ab.

b) Um sich einen Überblick über Ihre zukünftigen Aufgaben zu verschaffen, erstellen Sie eine Mindmap über die Aufgaben der Kosten- und Leistungsrechnung.

c) In der Kostenrechnung wird nach unterschiedlichen Kostenrechnungssystemen unterschieden. Informieren Sie sich darüber und ordnen Sie folgenden Aussagen einem oder mehreren Systemen zu.

1. Wir müssen überlegen, ob wir auch demnächst Fanartikel selbst herstellen, da wir noch freie Maschinenkapazitäten haben. Wie hoch wären denn unsere Kosten?
2. Wir müssen unsere Kosten für die Herstellung der Fleecepullover zur Festlegung der Verkaufspreise ermitteln.
3. Unsere Verkaufspreise für die Fitnessanzüge sind zu hoch. Sind unsere Produktionskosten zu hoch? Können wir die Anzüge vielleicht kurzfristig zu einem niedrigeren Preis anbieten?
4. Wir haben festgestellt, dass wir für die Produktion der Laufshirts mehr als geplant ausgegeben haben.

Lernjob 2 Unterscheidung der Kostenarten

Nachdem Sie sich nun ein klares Bild über die Kosten- und Leistungsrechnung verschafft haben, erinnern Sie sich an Frau Hofmeisters Ansicht, dass die Kosten- und Leistungsrechnung deshalb so wichtig ist, um Kosten einzusparen.

a) Stellen Sie eine Checkliste zusammen, wie ein Unternehmen kurzfristig Kosten einsparen kann, um wettbewerbsfähig zu bleiben.

b) In den Unterlagen von Frau Hofmeister finden Sie eine Gewinn- und Verlustrechnung, die Ihnen bereits aus der Buchhaltung bekannt ist. Hier sind sämtliche Aufwendungen erfasst. Ordnen Sie diesen zu, ob es sich um

- Einzel- oder Gemeinkosten (EK/GK)
- variable oder fixe Kosten (K_v/K_f) handelt.

	Aufwendungen für	EK/GK	K_v/K_f
1	Handelswaren		
2	Rohstoffe		
3	Energie für den Maschinenbetrieb		
4	regelmäßige Inspektion der Maschinen		
5	Stundenlöhne		
6	Gehälter für die Mitarbeiter in der Verwaltung		
7	lineare Abschreibungen		
8	leistungsabhängige Abschreibungen		
9	Miete für ein Lagergebäude		
10	Zinsen für ein Darlehen		

Haben Sie folgende Kompetenzen in dieser Lernsituation erworben?	👍	👌	👎 (seitlich)	👎
Ich kann ...				
die Kosten- und Leistungsrechnung vom betrieblichen Rechnungswesen und von der Investitionsrechnung abgrenzen.				
die Aufgaben der Kosten- und Leistungsrechnung zusammenstellen.				
die Systeme der Kosten- und Leistungsrechnung unterscheiden.				
Kostenarten den Einzel- oder Gemeinkosten zuordnen.				
Kostenarten als variable und fixe Kosten erkennen.				

Reflexion des Lernerfolgs:

Stellen Sie sich am Ende dieser Lerneinheit folgende Fragen:

Was waren die Inhalte der Lerneinheit? Was ist mir gelungen/was nicht? Warum ist es mir gelungen/nicht gelungen? Welche Methoden/Vorgehensweisen haben mir besonders gut gefallen?

Lernsituation 2: Kosten von Aufwendungen abgrenzen

Infoband 3, LF 10, Kap. 2. und 3.

Folgende Kompetenzen können Sie in dieser Lernsituation erwerben:	👍	👌	✋	👎
Ich kann ...				
neutrale Aufwendungen und Erträge erkennen und das neutrale Ergebnis ermitteln.				
Rohstoffkosten als kostenrechnerische Korrektur von den Aufwendungen für Rohstoffe feststellen.				
kalkulatorische Abschreibungen von den bilanziellen Abschreibungen unterscheiden und verschiedene Abschreibungsmethoden anwenden.				
die Finanzierung von Anlagegütern durch kalkulatorische Abschreibungen erklären.				
das betriebsnotwendige Vermögen, das Abzugskapital und das betriebsnotwendige Kapital identifizieren.				
die kalkulatorischen Zinsen aus einer Bilanz ermitteln und von den bilanziellen Zinsen abgrenzen.				
unterschiedliche Möglichkeiten für die Ermittlung der Wagniskosten anwenden und sie als kalkulatorische Zusatzkosten feststellen.				
Methoden zur Ermittlung der kalkulatorischen Miete als Zusatzkosten anwenden.				
kalkulatorischen Unternehmerlohn als Zusatzkosten festsetzen.				
Kosten und Leistungen von den bilanziellen Aufwendungen und Erträgen mithilfe der Abgrenzungstabelle abgrenzen.				
die Ergebnisse aus unternehmensbezogener Abgrenzung und aus kostenrechnerischen Korrekturen mittels der Abgrenzungstabelle ermitteln.				
das Betriebsergebnis mithilfe der Abgrenzungstabelle feststellen.				
das Gesamtergebnis des Rechnungskreises II mittels der Abgrenzungstabelle darstellen und beurteilen.				

Nachdem Sie sich in der vorangehenden Lernsituation über Kostenarten informiert haben, ist es im Folgenden Ihre Aufgabe, die Kosten von den bereits bekannten Aufwendungen und die Leistungen von den Erträgen abzugrenzen.

Frau Hofmeister möchte sich für die zurückliegende Periode ein Bild darüber verschaffen, welche Aufwendungen und Erträge in die Kosten- und Leistungsrechnung einfließen und welche nicht.

Folgende Gewinn- und Verlustrechnung liegt ihr vor:

S		Gewinn- und Verlustkonto			H
6...	Materialaufwendungen	560.000	5...	Umsatzerlöse	1.200.000
62../63..	Löhne und Gehälter	446.000	54..	Mieterträge	71.200
64..	Soziale Aufwendungen	50.000	5710	Zinserträge	50
652.	Planmäßige Abschreibungen	84.500			
67..	Mietaufwendungen	37.000			
68..	Aufwendungen für Kommunikation	27.000			
6880	Spenden	1.000			
69..	Verluste aus Abgängen von Anlagen	2.400			
7510	Zinsaufwendungen	60.000			
3000	Eigenkapital (Gewinn)	3.350			
		1.271.250			1.271.250

Lernjob 1 Neutrale Aufwendungen und Erträge

Zunächst beauftragt Sie Frau Hofmeister, die neutralen Aufwendungen und Erträge zu identifizieren.

a) Informieren Sie sich im Infoband über die Abgrenzung der Kosten und Leistungen von den Aufwendungen und Erträgen. Erläutern Sie, was unter Abgrenzung in diesem Sinne zu verstehen ist und klären Sie den Unterschied zwischen dem Unternehmens- und Betriebsergebnis.

b) Informieren Sie sich über neutrale Aufwendungen und Erträge und nennen Sie die Merkmale der neutralen Posten.

c) Ermitteln Sie die gesamten neutralen Aufwendungen anhand der oben stehenden Gewinn- und Verlustrechnung.

d) Ermitteln Sie die neutralen Erträge.

e) Berechnen Sie das neutrale Ergebnis und beurteilen Sie dieses im Vergleich zum Gewinn gemäß der Gewinn- und Verlustrechnung.

Neutrale Erträge	Neutrale Aufwendungen	Neutrales Ergebnis = Ergebnis aus unternehmensbezogener Abgrenzung

Lernjob 2 Kalkulation der Rohstoffkosten

Frau Hofmeister informiert Sie darüber, dass abgesehen von den neutralen Erträgen und Aufwendungen auch Kosten in anderer Höhe in die Kosten- und Leistungsrechnung eingehen. In der obenstehenden Gewinn- und Verlustrechnung steht ein Materialaufwand in Höhe von 560.000 €. In dieser Position sind auch 16.000 € für australische Wolle enthalten. Diese wird einmal im Monat von einem Händler aus Australien bezogen. Problematisch sind die ständig schwankenden Rohstoffpreise und wechselnde Dollarkurse. Deshalb sollen die Rohstoffkosten zu einem durchschnittlichen Verrechnungspreis in die Kosten- und Leistungsrechnung eingehen. Frau Hofmeister legt Ihnen folgende Tabelle mit den monatlichen Rohstoffpreisen und Dollarkursen (US-Dollar!) vor.

Monat	Monatlicher Rohstoffpreis in US-$ je kg	Jeweiliger durchschnittlicher Kurs je 1 €	Monatlicher Durchschnittspreis in €
Januar	9,67 $	1,20 $	8,06 €
Februar	9,46 $	1,17 $	
März	9,29 $	1,15 $	

Monat	Monatlicher Rohstoffpreis in US-$ je kg	Jeweiliger durchschnittlicher Kurs je 1 €	Monatlicher Durchschnittspreis in €
April	9,87 $	1,10 $	
Mai	11,14 $	1,12 $	
Juni	11,37 $	1,09 $	
Juli	10,09 $	1,12 $	
August	10,23 $	1,09 $	
September	9,67 $	1,13 $	
Oktober	9,56 $	1,12 $	
November	10,03 $	1,05 $	
Dezember	11,28 $	1,10 $	
		Durchschnittlicher Verrechnungspreis:	

a) Ermitteln Sie den durchschnittlichen Verrechnungspreis der australischen Wolle.

b) Legen Sie die Materialkosten für den Verbrauch von 1.760 kg Wolle fest.

c) Stellen Sie die gesamten Aufwendungen und Kosten für Rohstoffe gegenüber und erläutern Sie die Auswirkungen auf das Betriebsergebnis. Es wird unterstellt, dass die übrigen Materialkosten den Materialaufwendungen entsprechen und 544.000 € betragen.

Materialaufwendungen	Materialkosten

d) Erläutern Sie Gründe für den unterschiedlichen Bewertungsansatz in der Finanzbuchhaltung und in der Kosten- und Leistungsrechnung.

Lernjob 3 Kalkulatorische Abschreibung

Frau Hofmeister hat weitere Aufgaben für Sie. Sie bittet Sie von diversen Anlagegegenständen die bilanziellen und kalkulatorischen Abschreibungen jeweils zu vergleichen.

a) Informieren Sie sich im Infoband über die Unterschiede der bilanziellen und kalkulatorischen Abschreibung und nennen Sie diese.

b) Ermitteln und vergleichen Sie den bilanziellen und kalkulatorischen Abschreibungsbetrag folgender Verpackungsmaschine, die in der Produktion eingesetzt werden soll.

Anschaffungskosten	14.500 €
geschätzter Wiederbeschaffungswert	15.000 €
Abschreibungsmethode	linear
betriebsgewöhnliche Nutzungsdauer	10 Jahre
betriebsindividuelle Nutzungsdauer	15 Jahre

c) Ermitteln und vergleichen Sie den bilanziellen und kalkulatorischen Abschreibungsbetrag eines Firmenwagens im ersten Jahr.

Anschaffungskosten	70.000 €
geschätzter Wiederbeschaffungswert	82.750 €
bilanzielle Abschreibungsmethode	leistungsabhängig
Geschätzte Kilometerzahl insgesamt	200.000 km
Kilometerzahl im ersten Jahr	30.000 km
kalkulatorischen Abschreibungsmethode	linear
betriebsgewöhnliche Nutzungsdauer	6 Jahre
betriebsindividuelle Nutzungsdauer	5 Jahre

d) Stellen Sie die gesamten bilanziellen und kalkulatorischen Abschreibungen gegenüber und erläutern Sie die Auswirkungen auf das Betriebsergebnis. Hierbei wird unterstellt, dass bei den übrigen Anlagegütern die bilanziellen und kalkulatorischen Abschreibungen gleich sind und jeweils 72.550 € entsprechen.

Bilanzielle Abschreibungen	Kalkulatorische Abschreibungen

e) Erläutern Sie anhand des folgenden Schaubilds über den Abschreibungskreislauf, warum bei der kalkulatorischen Abschreibung der Wiederbeschaffungswert und nicht die Anschaffungskosten gewählt werden sollten.

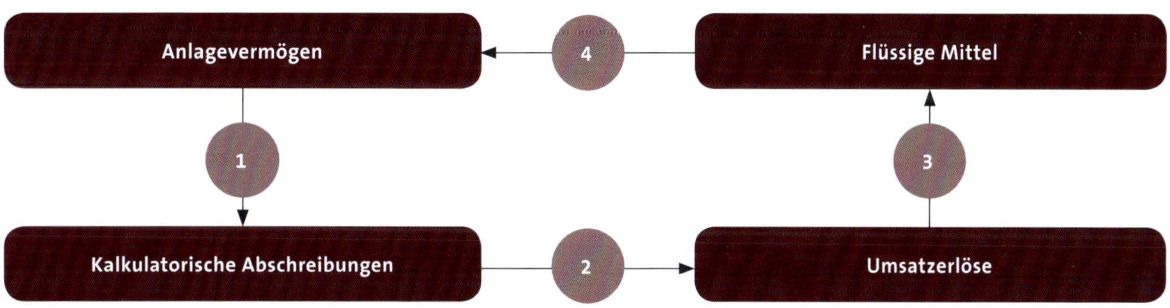

Lernjob 4 Kalkulatorische Zinsen

Frau Hofmeister legt Ihnen nun folgende Bilanz der Sportina AG vor.

A — Bilanz der Sportina AG (in €) — P

A		P	
Grundstücke/Gebäude	1.040.000	Stammkapital	1.395.000
Vermietete Gebäude	208.000	Darlehen/Hypotheken	780.000
Genutzte Maschinen	270.000	VerbaLuL	295.000
Stillgelegte Maschinen	12.000	Anzahlungen von Kunden	75.000
Betriebs- und Geschäftsausstattung	300.000	Zinsloses Darlehen	25.000
Beteiligungen an Rohstofflieferanten	200.000		
Anzahlungen an Lieferanten	80.000		
Vorräte	240.000		
FordaLuL	120.000		
Bank/Kasse	100.000		
	2.570.000		2.570.000

a) Informieren Sie sich über die Ermittlung der kalkulatorischen Zinsen und geben Sie an, was unter dem betriebsnotwendigen Kapital zu verstehen ist.

b) Ermitteln Sie das betriebsnotwendige Vermögen, das Abzugskapital und schließlich das betriebsnotwendige Kapital.

c) Errechnen Sie die kalkulatorischen Zinsen bei einem Zinssatz von 4,5 % pro Jahr.

d) Stellen Sie die bilanziellen und kalkulatorischen Zinsen gegenüber und erläutern Sie die Auswirkungen auf das Betriebsergebnis. (Siehe hierzu auch die GuV-Rechnung am Anfang dieser Lernsituation.)

Bilanzielle Zinsen	**Kalkulatorische Zinsen**

e) Geben Sie Gründe für die Abweichung der bilanziellen von den kalkulatorischen Zinsen an.

Lernjob 5 Kalkulatorische Wagnisse

Frau Hofmeister bittet Sie um Vorschläge, in welcher Höhe Kosten für die kalkulatorischen Einzelwagnisse angesetzt werden könnten. Sie stürzen sich in die Arbeit und versuchen aufgrund von Vergangenheitswerten auf Wagniskosten zu schließen. Unterbreiten Sie Frau Hofmeister einen Vorschlag, in welcher Höhe die Kosten für die folgenden Wagnisse angesetzt werden sollten.

a) Informieren Sie sich im Infoband über kalkulatorische Wagnisse und unterscheiden Sie die Begriffe „Einzelwagnis“ und „Gesamtwagnis“.

b) Bei der Festlegung des Wagnisses für Bestände haben Sie folgende Daten recherchiert:

Von den gelagerten Vorräten der letzten fünf Jahre mit einem Wert von insgesamt 6 Mio. € wurden im gleichen Zeitraum Vorräte im Wert von 13.200 € durch Verderb, Veralterung usw. abgeschrieben. Im kommenden Jahr wird mit einem Verbrauch von 1,5 Mio. € gerechnet.

c) Seit einiger Zeit produziert die Sportina AG Sportbekleidung, die hauseigene Modedesigner entwickeln. Die Kosten hierfür betrugen in den letzten vier Jahren 1 Mio. €. Davon führten etwa 22.500 € zu keinem Erfolg. Es wird davon ausgegangen, dass die Entwicklungskosten und das Risiko unverändert hoch bleiben.

d) Leider wurden in den vergangenen Jahren nicht alle Außenstände von den Kunden beglichen, sodass ein Teil abgeschrieben werden musste. Hierzu liegen folgende Zahlen vor:

Jahr	**Forderungsbestand am Jahresende**	**Ausfälle pro Jahr**
1	122.000 €	12.810 €
2	116.000 €	15.080 €
3	120.000 €	15.000 €

Der Forderungsbestand für das kommende Jahr wird auf 130.000 € geschätzt. Ermitteln Sie die Wagniskosten für den Forderungsausfall.

e) In der Vergangenheit hatten die Kunden gelegentlich Gewährleistungsansprüche insbesondere bei den Fitnessgeräten gegen die Sportina AG geltend gemacht. Hierzu liegen folgende Daten vor:

Jahr	Umsatzerlöse	Gewährleistungsansprüche
1	1.050.000 €	18.900 €
2	1.170.000 €	18.720 €
3	1.200.000 €	16.800 €

Es wird von einer gleichbleibenden Umsatzhöhe von 1.300.000 € ausgegangen. Ermitteln Sie die Wagniskosten für Gewährleistungsansprüche.

f) Ermitteln Sie die Summe der kalkulatorischen Wagniskosten und erläutern Sie die Auswirkungen auf das Betriebsergebnis.

Summe aller kalkulatorischen Wagniskosten	

g) Die Sportina AG kann sich eventuell gegen das ein oder andere Risiko versichern. Wie würde dies in der Kostenrechnung berücksichtigt werden?

Lernjob 6 Kalkulatorische Miete und kalkulatorischer Unternehmerlohn

a) Der Sportina AG wird von Frau Ringhausen ein Geschäftsraum in der Größe von 125 m² kostenlos zur Verfügung gestellt. Der Mietspiegel für gewerblich genutzte Räume liegt in Herne zurzeit bei 9 € je m² je Monat. Ermitteln Sie die kalkulatorische Miete pro Jahr.

Kalkulatorische Miete	

b) Erläutern Sie, warum die Sportina AG keine kalkulatorischen Kosten für den Unternehmerlohn ansetzen kann?

Lernjob 7 Abgrenzung der Kosten und Leistungen mithilfe der Abgrenzungstabelle für die Sportina AG

Nachdem Sie bereits neutrale Aufwendungen und Erträge sowie Grund-, Anders- und Zusatzkosten der Produktsparte Jacken identifiziert haben, bittet Frau Hofmeister Sie nun, das gesamte Betriebsergebnis zu ermitteln.

a) Führen Sie mithilfe der Abgrenzungstabelle (Arbeitsblatt 1) unter Berücksichtigung der GuV zu Beginn der Lernsituation und den Ergebnissen der Lernjobs 1 bis 6 die Abgrenzung durch.

Arbeitsblatt 1

b) Stimmen Sie die Ergebnisse in folgender Tabelle ab:

Rechnungskreis I	Rechnungskreis II	
	Ergebnis aus unternehmensbezogener Abgrenzung	
	Ergebnis aus kostenrechnerischen Korrekturen	
Unternehmensbezogenes Ergebnis:	Betriebsergebnis	
	Gesamtergebnis RK II	

Lernjob 8 Abgrenzung der Kosten und Leistungen mithilfe der Abgrenzungstabelle für das Produktionswerk in Düsseldorf

Sie haben für die Sportina AG erfolgreich die Abgrenzung der Kosten und Leistungen durchgeführt. Frau Hofmeister beauftragt Sie nun auch für das Produktionswerk in Düsseldorf die Abgrenzung durchzuführen.

a) Führen Sie mithilfe der Abgrenzungstabelle (Arbeitsblatt 2) und unter Berücksichtigung folgender Angaben die Abgrenzung für das Werk durch.

Arbeitsblatt 2

S	Gewinn- und Verlustkonto		H
6000 Aufw. F. Rohst.	84.000	5000 Umsatzerlöse	442.000
6160 Fremdinstandsetzung	16.000	5200 Bestandsmehrung	35.000
6200 Löhne	96.000	5460 Erträge aus Abgang von AV	500
6300 Gehälter	72.000	5710 Mieterträge	9.500
6400 Soziale Aufwendungen	56.310	3000 Eigenkapital (Verlust)	2.100
6520 Abschreibungen	48.000		
6900 Versicherungen	4.750		
6930 Verluste aus Schadenfällen	90.000		
6960 Aufw. aus Abgang AV	13.200		
7000 Steuern	1.540		
7510 Zinsaufwendungen	7.300		
	489.100		489.100

- Von der Fremdinstandsetzung sind 14.500 € für vermietete Gebäude verbucht worden.
- Die kalkulatorischen Abschreibungen betrugen 46.000 €.
- Von den Steuern sind 300 € für vermietete Gebäude zu zahlen.
- Die kalkulatorischen Zinsen wurden mit 8.000 € angesetzt.
- Für den kalkulatorischen Unternehmerlohn wurden 36.000 € veranschlagt.

b) Stimmen Sie die Ergebnisse in folgender Tabelle ab:

Rechnungskreis I	**Rechnungskreis II**	
	Ergebnis aus unternehmensbezogener Abgrenzung	
	Ergebnis aus kostenrechnerischen Korrekturen	
Unternehmensbezogenes Ergebnis:	Betriebsergebnis	
	Gesamtergebnis RK II	

Haben Sie folgende Kompetenzen in dieser Lernsituation erworben?	👍	👌	🤏	👎
Ich kann ...				
neutrale Aufwendungen und Erträge erkennen und das neutrale Ergebnis ermitteln.				
Rohstoffkosten als kostenrechnerische Korrektur von den Aufwendungen für Rohstoffe feststellen.				
kalkulatorische Abschreibungen von den bilanziellen Abschreibungen unterscheiden und verschiedene Abschreibungsmethoden anwenden.				
die Finanzierung von Anlagegütern durch kalkulatorische Abschreibungen erklären.				
das betriebsnotwendige Vermögen, das Abzugskapital und das betriebsnotwendige Kapital identifizieren.				
die kalkulatorischen Zinsen aus einer Bilanz ermitteln und von den bilanziellen Zinsen abgrenzen.				
unterschiedliche Möglichkeiten für die Ermittlung der Wagniskosten anwenden und sie als kalkulatorische Zusatzkosten feststellen.				
Methoden zur Ermittlung der kalkulatorischen Miete als Zusatzkosten anwenden.				
kalkulatorischen Unternehmerlohn als Zusatzkosten festsetzen.				
Kosten und Leistungen von den bilanziellen Aufwendungen und Erträgen mithilfe der Abgrenzungstabelle abgrenzen.				
die Ergebnisse aus unternehmensbezogener Abgrenzung und aus kostenrechnerischen Korrekturen mittels der Abgrenzungstabelle ermitteln.				
das Betriebsergebnis mithilfe der Abgrenzungstabelle feststellen.				
das Gesamtergebnis des Rechnungskreises II mittels der Abgrenzungstabelle darstellen und beurteilen.				

Reflexion des Lernerfolgs:

Stellen Sie sich am Ende dieser Lerneinheit folgende Fragen:

Was waren die Inhalte der Lerneinheit? Was ist mir gelungen/was nicht? Warum ist es mir gelungen/nicht gelungen? Welche Methoden/Vorgehensweisen haben mir besonders gut gefallen?

....

....

....

....

....

....

....

....

....

Lernsituation 3: Gemeinkosten auf die Kostenstellen mit dem Betriebsabrechnungsbogen (BAB) verteilen

Infoband 3, LF 10, Kap. 4.

Folgende Kompetenzen können Sie in dieser Lernsituation erwerben:				
Ich kann ...				
die Aufgaben des BAB benennen.				
die Begriffe „Kostenträgereinzelkosten“ und „Kostenträgergemeinkosten“ sowie „Kostenstelleneinzelkosten“ und „Kostenstellengemeinkosten“ erläutern und voneinander abgrenzen.				
die vier üblichen Kostenstellen des BAB benennen.				
mittels Verteilungsschlüssel Gemeinkosten auf die Kostenstellen verteilen.				
die Herstellkosten der Erzeugung für einen Zeitabschnitt ermitteln.				
die Herstellkosten des Umsatzes bei Bestandsveränderungen errechnen.				
die Zuschlagssätze für die vier Kostenstellen feststellen.				
die Selbstkosten für eine Periode ermitteln.				

Sie haben in der vorangegangenen Periode die Kosten der Sportina AG identifiziert. Nun beauftragt Frau Hofmeister Sie, die Gemeinkosten mit dem BAB zu verteilen. Folgende Daten aus der Lernsituation 2 haben Sie bereits zusammengefasst:

Notizen: Kostenaufstellung	
Fertigungsmaterial	559.963,20 €
Fertigungslöhne	246.000,00 €
Gehälter	200.000,00 €
soziale Kosten	50.000,00 €
Abschreibungen	90.100,00 €
Mietkosten	50.500,00 €
Kommunikation	27.000,00 €
Zinsen	78.975,00 €
kalkulatorische Wagnisse	45.325,00 €

Lernjob 1 Begriffliche Grundlagen zum Betriebsabrechnungsbogen

a) Informieren Sie sich im Infoband über die Kostenstellenrechnung in der Vollkostenrechnung und erläutern Sie, was unter einem BAB zu verstehen ist.

b) Benennen Sie die Kostenstellen im BAB und geben Sie dazu Beispiele für Tätigkeiten an, die den Kostenstellen zuzuordnen sind.

c) Unterscheiden Sie die Begriffe Kostenträgereinzelkosten und Kostenträgergemeinkosten und ordnen Sie den zuvor notierten Kostenarten zu, bei welchen es sich um Kostenträgereinzelkosten bzw. Kostenträgergemeinkosten handelt.

d) Bei den Kostenarten wird auch nach Kostenstelleinzelkosten und Kostenstellengemeinkosten unterschieden. Erläutern Sie die Gemeinsamkeiten und Unterschiede beider Kostenarten.

e) Erläutern Sie die Aufgaben des Betriebsabrechnungsbogens.

Lernjob 2 Erstellung eines BAB für die Sportina AG

Frau Hofmeister übergibt Ihnen folgende Verteilungsgrundlagen für die Verteilung der bereits festgestellten Gemeinkosten:

		Kostenstellen	Material	Fertigung	Verwaltung	Vertrieb
Gemeinkosten	Verteilungsgrundlage	Gesamtkosten	I	II	III	IV
Gehälter	Gehaltsliste	200.000 €	40.000 €	64.000 €	76.000 €	20.000 €
Sozialkosten	Verteilerschlüssel	50.000 €	2	2	1	3
Abschreibungen	Anlagewerte	90.100 €	386.000 €	593.000 €	455.000 €	176.000 €
Mietaufwendungen	Quadratmeter	50.500 €	300 m²	500 m²	400 m²	300 m²
Aufwendungen Kommunikation	Verteilerschlüssel	27.000 €	3	1	2	3
Zinsaufwendungen	Verteilerschlüssel	78.975 €	0	4	1	0
kalkulatorische Wagnisse	Verteilerschlüssel	45.325 €	1	8	1	6

a) Verteilen Sie die Gemeinkosten auf die vier Kostenstellen mithilfe des BAB.

b) Ermitteln Sie die Herstellkosten des Umsatzes mit folgendem Schema. Verwenden Sie die Einzelkosten aus den Notizen.

Arbeitsblatt 3

(Hinweis: Da keine Bestandsveränderung der fertigen Erzeugnisse vorliegt, entsprechen die Herstellkosten des Umsatzes den Herstellkosten der Erzeugung.)

Kosten	**Beträge**
Materialeinzelkosten	
+ Materialgemeinkosten	
= Materialkosten	
Fertigungseinzelkosten	
+ Fertigungsgemeinkosten	
= Fertigungskosten	
= Herstellkosten der Erzeugung	

c) Stellen Sie die Zuschlagssätze für die vier Kostenstellen fest und tragen Sie diese in den BAB ein.

d) Führen Sie die Kalkulation fort bis hin zu den Selbstkosten des Umsatzes mittels folgendem Schema:

Kosten	%	Beträge
= Herstellkosten des Umsatzes		
+ Verwaltungsgemeinkosten		
+ Vertriebsgemeinkosten		
= Selbstkosten		

Lernjob 3 Erstellung eines BAB mit Bestandsveränderung für das Produktionswerk in Düsseldorf

Nachdem Sie mit kleineren Hilfen für die Sportina AG den BAB erstellt und die Kalkulation der Selbstkosten durchgeführt haben, sollen Sie nun für das Produktionswerk in Düsseldorf den BAB erstellen und die Kalkulation der Selbstkosten vornehmen. Dazu gibt Ihnen Frau Hofmeister folgenden Verteilungsschlüssel:

		Kostenstellen	Material	Fertigung	Verwaltung	Vertrieb
Gemeinkosten	Verteilungsgrundlage	Gesamtkosten	I	II	III	IV
Fremdinstandsetzung	Stundenzettel	1.500 €	200 €	850 €	150 €	300 €
Gehälter	Gehaltsliste	72.000 €	21.000 €	21.000 €	18.500 €	11.500 €
soziale Aufwendungen	Verhältniszahlen	56.310 €	2	5	2	3
Abschreibungen	Anlagewerte	46.000 €	14.000 €	127.000 €	42.000 €	47.000 €
Versicherungen	Belege	4.750 €	600 €	3.405 €	458 €	287 €
Steuern	Belege	1.240 €	200 €	850 €	60 €	130 €
Zinsaufwendungen	Verhältniszahlen	8.000 €	1	4	1	2
Unternehmerlohn	Verhältniszahlen	36.000 €	0	1	2	0

In der Abrechnungsperiode haben die Kosten für das Fertigungsmaterial 84.000 € und für die Fertigungslöhne 96.000 € betragen. Der Bestand an fertigen Erzeugnissen hat sich in der Abrechnungsperiode um 58.000 € erhöht.

Arbeitsblatt 4

a) Verteilen Sie die Kosten auf die Kostenstellen mittels BAB.

b) Ergänzen Sie im folgenden Schema die Rechenzeichen und ermitteln Sie die Herstellkosten des Umsatzes.

Kosten	Beträge
Materialeinzelkosten	
Materialgemeinkosten	
Materialkosten	
Fertigungseinzelkosten	
Fertigungsgemeinkosten	

Fertigungskosten	
Herstellkosten der Erzeugung	
Bestandsmehrung	
Herstellkosten des Umsatzes	

c) Legen Sie die Zuschlagssätze für die vier Kostenstellen fest (Arbeitsblatt 4).

d) Ergänzen Sie im folgenden Schema die Rechenzeichen und kalkulieren Sie die Selbstkosten des Umsatzes:

Kosten	**%**	**Beträge**
Herstellkosten des Umsatzes		
Verwaltungsgemeinkosten		
Vertriebsgemeinkosten		
Selbstkosten des Umsatzes		

Haben Sie folgende Kompetenzen in dieser Lernsituation erworben?				
Ich kann ...				
die Aufgaben des BAB benennen.				
die Begriffe „Kostenträgereinzelkosten" und „Kostenträgergemeinkosten" sowie „Kostenstelleneinzelkosten" und „Kostenstellengemeinkosten" erläutern und voneinander abgrenzen.				
die vier üblichen Kostenstellen des BAB benennen.				
mittels Verteilungsschlüssel Gemeinkosten auf die Kostenstellen verteilen.				
die Herstellkosten der Erzeugung für einen Zeitabschnitt ermitteln.				
die Herstellkosten des Umsatzes bei Bestandsveränderungen errechnen.				
die Zuschlagssätze für die vier Kostenstellen feststellen.				
die Selbstkosten für eine Periode ermitteln.				

Reflexion des Lernerfolgs:

Stellen Sie sich am Ende dieser Lerneinheit folgende Fragen:

Was waren die Inhalte der Lerneinheit? Was ist mir gelungen/was nicht? Warum ist es mir gelungen/nicht gelungen? Welche Methoden/Vorgehensweisen haben mir besonders gut gefallen?

....

....

....

....

....

....

Lernsituation 4: Selbstkosten der fertigen Erzeugnisse kalkulieren

Infoband 3, LF 10, Kap. 5.

Folgende Kompetenzen können Sie in dieser Lernsituation erwerben:	👍	👌	✊	👎
Ich kann …				
die Begriffe „Kostenträger“ und „Kostenträgerzeitrechnung“ erläutern.				
die Ist-Selbstkosten für ein Produkt oder eine Produktgruppe bezogen auf einen Zeitabschnitt mittels eines Kostenträgerzeitblatts ermitteln.				
Kennzahlen zum Betriebserfolg und zur Wirtschaftlichkeit ermitteln und beurteilen.				
die Normalkosten von den Ist-Kosten abgrenzen.				
die Methode zur Festlegung der Normalkostenzuschlagssätze anwenden.				
die Selbstkosten auf Normalkostenbasis ermitteln.				
die Abweichungen der Ist-Kosten von den Normalkosten feststellen.				
Ursachen für Kostenabweichungen erklären.				
Maßnahmen zur Reduzierung von Kostenabweichungen anführen.				
Kennzahlen zum Umsatzergebnis berechnen und beurteilen.				
die Vorteile der Ermittlung der Selbstkosten auf Normalkostenbasis begründen.				

Nachdem Sie mit Frau Hofmeister die Zuschlagssätze ermittelt haben, ist es nun Ihre Aufgabe, diese Daten für die weitere Auswertung im Rahmen der Kostenträgerzeitrechnung zu verwenden, sowie eine Grundlage für die Kalkulation der Kostenträgerstückrechnung diverser Bekleidungssparten zu schaffen.

Lernjob 1 Kostenträgerzeitblatt auf Ist-Kostenbasis

Frau Hofmeister informiert Sie, dass Sie sich heute mit der Kostenträgerzeitrechnung der Sparte Sportunterwäsche befassen sollen. Ziel ist es, den tatsächlichen Betriebsgewinn der vergangenen Periode zu ermitteln. Dabei möchte sie insbesondere Auskunft über die Ertragskraft der Damen- und Herrenunterwäsche haben.

a) Informieren Sie sich im Infoband über die Kostenträgerzeitrechnung und erläutern Sie die Begriffe „Kostenträger“ und „Kostenträgerzeitrechnung“ und grenzen Sie diese von der Kostenträgerstückrechnung ab.

b) Ermitteln Sie den gesamten Betriebsgewinn der Sparte Sportunterwäsche und unterscheiden Sie nach Damen- und Herrenunterwäsche. Verwenden Sie hierzu das Kostenträgerzeitblatt und folgende Vorgaben:

	Gesamt	**Damen**	**Herren**
Fertigungsmaterial	31.000 €	16.000 €	15.000 €
Fertigungslöhne	28.000 €	13.000 €	15.000 €
Anfangsbestand	5.500 €	2.400 €	3.100 €
Endbestand	5.600 €	2.700 €	2.900 €
Umsatzerlöse	136.000 €	78.000 €	58.000 €

Ist-Kosten-Zuschlagssätze

Kostenstelle	**Materialgemeinkosten**	**Fertigungsgemeinkosten**	**Verwaltungsgemeinkosten**	**Vertriebsgemeinkosten**
Zuschlagssatz	46 %	98 %	12 %	8 %

Arbeitsblatt 5

c) Vergleichen Sie den Betriebsgewinn insgesamt und bezogen auf die Segmente Damen- und Herrenunterwäsche. Wenden Sie hierzu die Kennzahlen über den Betriebserfolg und die Wirtschaftlichkeit an und werten Sie diese aus.

d) Schlagen Sie Frau Hofmeister Maßnahmen zur Erhöhung des Betriebserfolgs vor.

Lernjob 2 Kostenträgerzeitrechnung auf Normal- und Ist-Kostenbasis

a) Informieren Sie sich im Infoband über den Vergleich der Normal- und Ist-Kosten und grenzen Sie die Ermittlung der Selbstkosten auf **Normalkostenbasis** von denen auf Ist-Kosten-Basis ab.

b) In der Sparte Fantrikots wurden in den vergangenen Perioden folgende Ist-Zuschlagssätze aufgestellt. Ermitteln Sie daraus Normalkostenzuschlagssätze:

Periode	**1**	**2**	**3**	**4**	**5**	**6**	**7**	**8**
MGKZ	31,59 %	33,54 %	28,69 %	35,24 %	31,58 %	31,46 %	32,50 %	31,40 %
FGKZ	88,56 %	85,88 %	84,97 %	86,79 %	87,46 %	87,32 %	88,20 %	86,82 %
VwGKZ	14,89 %	14,76 %	15,81 %	15,23 %	15,79 %	14,72 %	13,80 %	15,00 %
VtGKZ	7,46 %	7,90 %	7,58 %	7,85 %	8,10 %	8,21 %	8,30 %	8,60 %

c) Erstellen Sie für die Sparte Fantrikots das Kostenträgerzeitblatt auf Normal- und Ist-Kostenbasis. Verwenden Sie dafür folgende Ist-Zuschlagssätze und andere Angaben:

MGKZ:	31,45 %	MEK:	25.500 €
FGKZ:	86,90 %	FEK:	14.800 €
VwGKZ:	15,20 %	Bestandsminderung:	210 €
VtGKZ:	8,20 %		

Arbeitsblatt 6

d) Beurteilen Sie die Kostenabweichungen.

e) Erläutern Sie Gründe dafür, warum sich die Ist-Zuschlagssätze von den Normalkostenzuschlagssätzen unterscheiden.

f) Führen Sie Maßnahmen an, um hohe Kostenabweichungen zu vermeiden.

g) Bewerten Sie das Betriebsergebnis, indem Sie den Betriebserfolg in Prozent und die Wirtschaftlichkeit der Ist-Kalkulation mit den Werten der Sportunterwäsche (Lernjob 2) vergleichen.

h) Die Umsatzergebnisrate der Sportunterwäsche beträgt 11 %. Ermitteln Sie die Umsatzergebnisrate der Sparte Fantrikots und beurteilen Sie diese.

i) Begründen Sie die Notwendigkeit einer Kalkulation auf Ist-Kostenbasis und Normalkostenbasis.

Haben Sie folgende Kompetenzen in dieser Lernsituation erworben?				
Ich kann ...				
die Begriffe „Kostenträger" und „Kostenträgerzeitrechnung" erläutern.				
die Ist-Selbstkosten für ein Produkt oder eine Produktgruppe bezogen auf einen Zeitabschnitt mittels eines Kostenträgerzeitblatts ermitteln.				
Kennzahlen zum Betriebserfolg und zur Wirtschaftlichkeit ermitteln und beurteilen.				
die Normalkosten von den Ist-Kosten abgrenzen.				
die Methode zur Festlegung der Normalkostenzuschlagssätze anwenden.				
die Selbstkosten auf Normalkostenbasis ermitteln.				
die Abweichungen der Ist-Kosten von den Normalkosten feststellen.				
Ursachen für Kostenabweichungen erklären.				
Maßnahmen zur Reduzierung von Kostenabweichungen anführen.				
Kennzahlen zum Umsatzergebnis berechnen und beurteilen.				
die Vorteile der Ermittlung der Selbstkosten auf Normalkostenbasis begründen.				

Reflexion des Lernerfolgs:

Stellen Sie sich am Ende dieser Lerneinheit folgende Fragen:

Was waren die Inhalte der Lerneinheit? Was ist mir gelungen/was nicht? Warum ist es mir gelungen/nicht gelungen? Welche Methoden/Vorgehensweisen haben mir besonders gut gefallen?

....

....

....

....

Lernsituation 5: Preise fertiger Erzeugnisse kalkulieren

Infoband 3, LF 10, Kap. 5.

Folgende Kompetenzen können Sie in dieser Lernsituation erwerben:	👍	👌	👊	👎
Ich kann ...				
die Unterschiede der Vorwärts- und Rückwärtskalkulation erläutern und begründen, wann welche Form angewendet wird.				
die einzelnen Preisbegriffe des Kalkulationsschemas erklären.				
das Kalkulationsschema für die Kostenträgerstückrechnung im Rahmen der Vorwärtskalkulation anwenden.				
das Kalkulationsschema für die Kostenträgerstückrechnung nach der Rückwärtskalkulation anwenden.				
durch gleichzeitige Anwendung der Vorwärts- und Rückwärtskalkulation Gewinnspannen und maximale Materialkosten ermitteln.				
die Vor- und Nachkalkulation eines Kundenauftrags gegenüberstellen und tatsächliche Gewinne und Gewinnspannen ermitteln.				

Heute sollen Sie sich mit der Angebotskalkulation einiger Produkte der Sportina AG befassen. Im Zuge der neuen Mode sollen die neuen Listenverkaufspreise der Winterkollektion geplant werden. Hierfür ist Herr Neufeld zuständig und er bittet Sie, ihn dabei zu unterstützen.

Lernjob 1 Grundlagen zur Preiskalkulation

a) Bei der Preiskalkulation unterscheidet man die Vorwärts- von der Rückwärtskalkulation des Angebotspreises. Informieren Sie sich darüber im Infoband und erläutern Sie die Unterschiede und wann welches Schema anzuwenden ist.

b) Die Sportina AG hat folgende Rechnung für einen Kunden erstellt. Erläutern Sie den Unterschied zwischen dem Listenverkaufs- und Barverkaufspreis.

SPORTINA AG

40 Jahre geballte Kompetenz in Sport und Fitness

Sportina AG • Holsterhauser Straße 202 • 44625 Herne

Fitnessstudio Schneider oHG
Herrn Schneider
Kölner Landstraße 21
40591 Düsseldorf

Name:	Martina Krüger
Tel.:	02323 52765-60
Fax:	02323 52765-70
E-Mail:	krueger@sportina.de
Kundennr.:	10063
Auftragsnr.:	259829
Lieferscheinnr.:	92920-88
Datum:	16.02.20..

Rechnung Nr. 19400

Sehr geehrter Herr Schneider,

für die Lieferung vom 14.02.20.. stellen wir Ihnen folgende Rechnung.

Pos.	Menge	Bezeichnung	Listenpreis (netto)	Gesamtpreis (netto)
1	10	Allround-Shirts	82,00 €	820,00 €
			abzüglich20 % Kundenrabatt	164,00 €
			Warenwert	656,00 €
			zzgl. 19 % Umsatzsteuer	124,64 €
			Rechnungsbetrag	780,61 €

Bitte überweisen Sie innerhalb von 30 Tagen nach Erhalt der Rechnung. Bei Zahlung innerhalb 10 Tagen gewähren wir Skonto in Höhe von 3 %.

Sportina AG
Holsterhauser Straße 202
44625 Herne

Handelsregistereintrag: HR-B 8765, Amtsgericht Herne
USt-IdNr: DE250282826 / Steuernr.: 4781228391237
Vorstandsmitglieder: Stefanie Ringhausen, Rüdiger Klinger
Aufsichtsratsvorsitzende: Claudia Voß

Bankverbindung: Volksbank Herne eG
Kontonummer: 135 74 68, Bankleitzahl: 430 605 99
IBAN: DE22 4306 0599 0001 3574 68
BIC: GENODEVBHER

c) Stellen Sie gegenüber, wie der Kunde aus dem Listeneinkaufspreis den Bareinkaufspreis ermittelt, den er zu zahlen hat und wie anderseits die Sportina AG aus dem Barverkaufspreis den Listenverkaufspreis errechnet hat.

d) In den Rechnungspreisen ist die Umsatzsteuer enthalten. Stellen Sie Vermutungen an, warum die Umsatzsteuer bei der Preiskalkulation außer Acht gelassen wird.

Lernjob 2 Ermittlung des Angebotspreises für eine Outdoorjacke

Die Design-Abteilung der Sportina AG hat eine modisch schicke Outdoorjacke entwickelt und möchte diese passend zum Beginn der nächsten Wintersaison auf den Markt bringen. Die Materialkosten werden voraussichtlich 30 € und die Fertigungslöhne 15 € pro Jacke betragen.

a) Ermitteln Sie die Selbstkosten bei den folgenden Zuschlagssätzen:

Materialgemeinkostenzuschlag:	14 %
Fertigungsgemeinkostenzuschlag:	90 %
Verwaltungsgemeinkostenzuschlag:	12 %
Vertriebsgemeinkostenzuschlag:	9 %

b) Die Sportina AG plant mit einem Gewinnzuschlag von 25 %. Ein großer Kundenauftrag soll an Fashion Zugspitze gehen. Es soll ein Einführungsrabatt von 20 % und Skonto in Höhe von 3 % gewährt werden. Kalkulieren Sie den Listenverkaufspreis.

c) Als Sie Herrn Neufeld die Angebotskalkulation vorlegen, ist er nicht zufrieden. Denn eine Marktanalyse hat ergeben, dass die Kunden nicht bereit sein werden, einen höheren Bareinkaufspreis als 80 € bei gleichem Kundenrabatt und Skontosatz zu bezahlen. Er bittet Sie, zu prüfen, wie hoch der Gewinnbetrag und der Gewinnaufschlag bei einem Barverkaufspreis von 80 € ausfallen würden.

d) Leider ist Herr Neufeld mit dem Gewinnaufschlag nicht zufrieden, da dieser so niedrig ausfällt. Sie suchen mit ihm nach Alternativen. Da Luisa Cermat – Auszubildende, der Sportina AG, die zurzeit in der Einkaufsabteilung eingesetzt ist – in der Mittagspause von Vertragsverhandlungen berichtet hat, unterbreiten Sie Herrn Neufeld den Vorschlag, durch neue Vertragsverhandlungen die Kosten für die Stoffe zu senken. Herr Neufeld findet Ihre Idee gut und bittet Sie, einmal zu prüfen, wie hoch die Kosten für das Fertigungsmaterial höchstens sein dürfen, wenn der Barverkaufspreis bei 80 € festgelegt, der Gewinnaufschlag auf 10 % gesenkt wird und sonst alle Kalkulationsgrößen unverändert sind.

Lernjob 3 Ermittlung des Angebotspreises für eine Outdoorhose

Nachdem die Angebotskalkulation für die Outdoorjacke abgeschlossen ist, wartet die nächste Aufgabe auf Sie. Es soll auch eine Outdoorhose im Werk Düsseldorf hergestellt werden. Der Kunde Fit City KG aus Frankfurt fragt ein Angebot für 150 Stück nach. Hierzu liegen Ihnen folgende Angaben pro Hose vor:

Fertigungsmaterial:	43,00 €	Sondereinzelkosten des Vertriebs	
Fertigungslöhne:	30,00 €	für die Markenlizenz:	24 €
Materiagemeinkostenzuschlag:	40 %	Gewinnaufschlag:	12,5 %
Fertigungsgemeinkostenzuschlag:	95 %	Kundenskonto:	2,5 %
Verwaltungsgemeinkostenzuschlag:	25 %	Vertreterprovision:	11 %
Vertriebsgemeinkostenzuschlag:	15 %	Kundenrabatt:	5 %

a) Herr Neufeld beauftragt Sie mit der Ermittlung des Listenverkaufspreises für 150 Stück. Führen Sie die Kalkulation pro Stück durch und ermitteln Sie daraus den gesamten Wert laut Liste für 150 Hosen.

b) Ein paar Tage nachdem das Angebot an Fit City KG rausgegangen ist, meldet sich die Einkaufsabteilung des Kunden und teilt der Sportina AG mit, nur dann zu bestellen, wenn der Kundenrabatt aufgrund der hohen Bestellanzahl um 15 Prozentpunkte erhöht wird. Ermitteln Sie den Barverkaufspreis, wenn der Kundenrabatt auf 20 % erhöht wird und stellen Sie fest, ob sich die Produktion noch lohnt.

c) Die Fit City KG ist ein sehr wichtiger Kunde für die Sportina AG. Unterbreiten Sie Herrn Neufeld Gründe dafür, den Auftrag anzunehmen.

Lernjob 4 Tatsächliche Gewinnermittlung bei der Nachkalkulation eines Kundenauftrags

Für einen Kundenauftrag der Laufhosen Sportive 4000 liegen folgende Daten zur Vor- und Nachkalkulation vor:

Selbstkostenkalkulation:

Kosten	Prozentsatz	Vorkalkulation	Prozentsatz	Nachkalkulation
MEK (Materialeinzelkosten)		5.400,00 €		5.500,00 €
+ MGK (Materialgemeinkosten)	21 %			1.210,00 €
= MK (Materialkosten)				
FEK (Fertigungseinzelkosten)		2.300,00 €		2.250,00 €
+ FGK (Fertigungsgemeinkosten)	85 %			1.912,50 €
+ Sondereinzelkosten der Fertigung		600,00 €		600,00 €
= FK (Fertigungskosten)				
= HK (Herstellkosten)				
+ VwGK (Verwaltungsgemeinkosten)	22 %			2.638,68 €
+ VtGK (Vertriebsgemeinkosten)	8 %			803,08 €

Für die Festlegung des Listenverkaufspreises wurden in der Vorkalkulation folgende Prozentsätze zugrunde gelegt:

- Gewinnaufschlag: 17 %
- Kundenskonto: 3 %
- Vertriebsprovision: 7 %
- Kundenrabatt: 10 %

Arbeitsblatt 7

a) Führen Sie eine Vor- und Nachkalkulation durch.

b) Errechnen Sie den tatsächlichen Gewinn.

c) Stellen Sie den tatsächlichen Gewinnprozentsatz fest.

d) Erläutern Sie die Bedeutung des Abgleichs der Vorkalkulation mit der Nachkalkulation.

Haben Sie folgende Kompetenzen in dieser Lernsituation erworben?	👍	👌	🤏	👎
Ich kann ...				
die Unterschiede der Vorwärts- und Rückwärtskalkulation erläutern und begründen, wann welche Form angewendet wird.				
die einzelnen Preisbegriffe des Kalkulationsschemas erklären.				
das Kalkulationsschema für die Kostenträgerstückrechnung im Rahmen der Vorwärtskalkulation anwenden.				
das Kalkulationsschema für die Kostenträgerstückrechnung nach der Rückwärtskalkulation anwenden.				
durch gleichzeitige Anwendung der Vorwärts- und Rückwärtskalkulation Gewinnspannen und maximale Materialkosten ermitteln.				
die Vor- und Nachkalkulation eines Kundenauftrags gegenüberstellen und tatsächliche Gewinne und Gewinnspannen ermitteln.				

Reflexion des Lernerfolgs:

Stellen Sie sich am Ende dieser Lerneinheit folgende Fragen:

Was waren die Inhalte der Lerneinheit? Was ist mir gelungen/was nicht? Warum ist es mir gelungen/nicht gelungen? Welche Methoden/Vorgehensweisen haben mir besonders gut gefallen?

Lernsituation 6:
Preise der Handelswaren kalkulieren

Infoband 3, LF 10, Kap. 6.

Folgende Kompetenzen können Sie in dieser Lernsituation erwerben:	👍	👌	🤏	👎
Ich kann ...				
den Unterschied der Vorwärtskalkulation zur Rückwärtskalkulation von Handelswaren erläutern.				
erklären, was unter Handlungskosten zusammengefasst wird.				
die Selbstkosten einer Handelsware ermitteln.				
den Listenverkaufspreis einer Handelsware vorwärts kalkulieren.				
den prozentualen Gewinnaufschlag ermitteln.				
für eine Handelsware den maximalen Bezugspreis mit der Rückwärtskalkulation ermitteln, wenn der Barverkaufspreis vorgegeben ist.				
den Kalkulationszuschlag, den Kalkulationsfaktor und die Handelsspanne ermitteln und die Begriffe erklären.				
das Kalkulationsschema mit einem Tabellenkalkulationsprogramm anwenden.				

Sie haben von Sport Place GmbH eine Anfrage bekommen, zu welchem Preis Sie das Laufband Mega 3700 Dual liefern können. Hierbei handelt es sich um ein leistungsstarkes Gerät mit 4,0-PS-Motor, mit dem eine Trainingsgeschwindigkeit von bis zu 22 km/h erreicht und Bergtouren mit elektrischer Schrägstellung simuliert werden können. Die Sportina AG plant, dieses Laufband in ihrem Sortiment aufzunehmen.

Lernjob 1 Vorwärtskalkulation des Angebotspreises eines Laufbands

Herr Neufeld hat sich bereits bei Aerostepp, dem Hauptlieferanten der Sportina AG für Laufbänder, über den Listenpreis informiert. Dieser beträgt 950 €.

Folgende preisliche Vertragsverhandlungen gelten

Vereinbarungen mit dem Lieferanten Aerostepp		Hausinterne Ziele		Vereinbarungen mit dem Kunden Sport Place	
Kundenrabatt	20 %	Handlungskosten	35 %	Einführungsrabatt	15 %
Skonto	3 %	Gewinnaufschlag	28 %	Kundenskonto	2,5 %
Bezugskosten	25 €				

a) Informieren Sie sich über die Vorwärtsrechnung bei der Handelskalkulation und zeigen Sie den Unterschied der Vorwärtskalkulation fertiger Erzeugnisse zur Vorwärtskalkulation von Handelswaren auf.

b) Erläutern Sie, was unter Handlungskosten zu verstehen ist und nennen Sie Beispiele.

c) Kalkulieren Sie den Angebotspreis eines Laufbands Mega 3700 Dual für Sport Place GmbH mithilfe des Schemas auf dem Arbeitsblatt 7.

Arbeitsblatt 8

d) Ermitteln Sie nach dem vereinfachten Kalkulationsverfahren den Kalkulationszuschlag und den Kalkulationsfaktor und erläutern Sie die Aussage der Kennzahl.

Lernjob 2 Ermittlung der maximalen Bezugskosten für ein Laufband mit der Rückwärtskalkulation

Nachdem Sie den Listenpreis für den Kunden Sport Place GmbH ermittelt und an die Verkaufsabteilung weitergegeben haben, unterbreitet die Verkäuferin Frau Krüger telefonisch dem Kunden das Angebot. Da die Sportina AG mit diesem Kunden eine langjährige gute Geschäftsbeziehung führt, erfährt Frau Krüger, dass Sport Place GmbH dasselbe Laufband von einem Konkurrenzunternehmen zu einem Bareinkaufspreis in Höhe von 1.200 € erhalten kann. Frau Krüger bittet den Kunden darum, die Bestellung bei dem anderen Lieferanten um einen Tag zu verzögern, da Sie prüfen möchte, ob die Sportina AG das Laufband sogar zu einem Preis von 1.150 € anbieten kann. Die Sport Place GmbH ist damit einverstanden und Frau Krüger eilt sofort zur Kostenrechnungsabteilung.

a) Ermitteln Sie den Listenverkaufspreis für Sport Place GmbH, wenn der Kunde bereit ist, einen Barverkaufspreis von höchstens 1.150 € pro Laufband zu zahlen.

b) Errechnen Sie den prozentualen Gewinnaufschlag, bei einem Barverkaufspreis von 1.150 € und Selbstkosten in Höhe von 950 €.

c) Herr Neufeld ist mit dem neu errechneten Gewinnaufschlag nicht einverstanden und setzt sich mit Frau Schnake aus der Einkaufsabteilung in Verbindung. Er bittet sie mit anderen Lieferanten in Vertragsverhandlungen zu treten, um das Laufband zu einem günstigeren Preis einzukaufen. Ermitteln Sie den maximalen Bezugspreis, wenn der Aufschlag der Handlungskosten unverändert bei 35 % liegen und ein Gewinnaufschlag von 25 % realisiert werden soll.

d) Ermitteln Sie die Handelsspanne nach dem neuen Vorschlag von Herrn Neufeld und erläutern Sie diesen Begriff. Hierbei ist der Listenverkaufspreis aus dem Aufgabenteil a) dieses Lernjobs zu übernehmen.

Lernjob 3 Handelskalkulation eines Steppers mit einem Tabellenkalkulationsprogramm

Herr Neufeld berichtet Ihnen, dass er sehr häufig Vorwärts- und Rückwärtskalkulationen durchführen muss. Die Sportina AG beabsichtigt, demnächst Stepper des Lieferanten Innosports in das Sortiment aufzunehmen, wofür dann wieder Kalkulationsrechnungen notwendig sind. Da Sie sich bereits in den ersten beiden Ausbildungsjahren mit dem Tabellenkalkulationsprogramm Excel beschäftigt haben, halten Herr Neufeld und Sie es für sinnvoll ein Formular für die Kalkulation zu erstellen.

a) Übernehmen Sie folgende Vorlage in einem neuen Tabellenblatt in einer neuen Excel-Datei:

	A	B	C
1			
2	**Vorwärtskalkulation**	Artikel	
3		Menge	
4		Listeneinkaufspreis/Einheit	
5			
6		Eingabe	Ergebnis
7	* Listeneinkaufspreis je Einheit		
8	= Listeneinkaufspreis (gesamt)		
9	- Rabatt		
10	= Zieleinkaufspreis		
11	- Skonto		
12	= Bareinkaufspreis		
13	+ Bezugskosten je Einheit		
14	= Bezugspreis		
15	+ Handlungsgemeinkosten		
16	= Selbstkosten		
17	+ Gewinn		
18	= Barverkaufspreis		
19	+ Kundenskonto		
20	= Zielverkaufspreis		
21	+ Kundenrabatt		
22	= Listenverkaufspreis (gesamt)		
23	= Listenverkaufspreis je Einheit		

b) Führen Sie die Vorwärtskalkulation für 20 Stepper Inno 1500 zu einem Listeneinkaufspreis je Einheit in Höhe von 498 € durch. Diese Daten sind in die hellblau hervorgehobenen Felder der Spalte C einzutragen. In den blauen Feldern der Spalte B sind folgende Eingaben zu tätigen:

Vereinbarungen mit Innosport		Hausinterne Ziele		Vereinbarungen mit den Kunden	
Kundenrabatt	18 %	Handlungskosten	45 %	Einführungsrabatt	20 %
Skonto	1,5 %	Gewinnaufschlag	16,5 %	Kundenskonto	2 %
Bezugskosten	16 €/Einheit				

In den Feldern C7 bis C22 sind die Ergebnisse mit Zellenbezügen zu ermitteln.

c) Zum Stepper Inno 1500 möchte die Sportina AG auch den Stepper Inno 2000 anbieten. Nach einer gründlichen Marktanalyse bieten die Konkurrenten diesen Stepper zu einem Listenverkaufspreis in Höhe von 1.200 € an. Übernehmen Sie hierfür die Vorlage aus der Aufgabe a) in die Zellen E2 bis G23. Tragen Sie in die Zellen E2 und F4 die richtigen Bezeichnungen ein. Kalkulieren Sie anschließend rückwärts vom Listenverkaufspreis je Einheit zum Listeneinkaufspreis je Einheit. Als vermutliche Menge sollen zunächst 15 Stück zugrunde gelegt werden.

Haben Sie folgende Kompetenzen in dieser Lernsituation erworben?	👍	👌	👎 (waagerecht)	👎
Ich kann ...				
den Unterschied der Vorwärtskalkulation zur Rückwärtskalkulation von Handelswaren erläutern.				
erklären, was unter Handlungskosten zusammengefasst wird.				
die Selbstkosten einer Handelsware ermitteln.				
den Listenverkaufspreis einer Handelsware vorwärts kalkulieren.				
den prozentualen Gewinnaufschlag ermitteln.				
für eine Handelsware den maximalen Bezugspreis mit der Rückwärtskalkulation ermitteln, wenn der Barverkaufspreis vorgegeben ist.				
den Kalkulationszuschlag, den Kalkulationsfaktor und die Handelsspanne ermitteln und die Begriffe erklären.				
das Kalkulationsschema mit einem Tabellenkalkulationsprogramm anwenden.				

Reflexion des Lernerfolgs:

Stellen Sie sich am Ende dieser Lerneinheit folgende Fragen:

Was waren die Inhalte der Lerneinheit? Was ist mir gelungen/was nicht? Warum ist es mir gelungen/nicht gelungen? Welche Methoden/Vorgehensweisen haben mir besonders gut gefallen?

....

....

....

....

....

....

....

....

....

Lernsituation 7:
Kosten- und Erlösfunktionen unter Berücksichtigung des Beschäftigungsgrads darstellen und auswerten

Infoband 3, LF 10, Kap. 7.

Folgende Kompetenzen können Sie in dieser Lernsituation erwerben:	👍	👌	🤏	👎
Ich kann ...				
die Begriffe „Beschäftigung“ und „Kapazität“ erklären.				
Kostenfunktionen mit variablen und fixen Kosten aufstellen.				
Kostenfunktionen grafisch im Koordinatensystem darstellen.				
proportionale von unter- und überproportionalen Kostenverläufen unterscheiden.				
die Fixkostendegression im Zusammenhang mit dem Gesetz der Massenproduktion erklären.				
den Begriff „Break-Even-Point“ erläutern und rechnerisch sowie grafisch ermitteln.				
kritische Mengen bei unterschiedlichen Kostenfunktionen rechnerisch und grafisch ermitteln und beurteilen.				

Das Sporttauchen gewinnt zunehmend an Bedeutung. Bisher führte die Sportina AG Tauchartikel gelegentlich im Absatzprogramm. Nun überlegt die Geschäftsleitung, Neoprenanzüge selbst herzustellen und Tauchutensilien verstärkt ins Absatzprogramm zu nehmen. Bisher wurden pro Jahr 60 Neoprenanzüge verkauft. Dieser Absatz soll nach Möglichkeit erhöht werden. Da die Frage im Raum steht, ob die Anzüge denn selbst hergestellt werden können, beauftragt die Geschäftsleitung Herrn Neufeld damit, die Gewinnsituation bei unterschiedlichen Produktionsmengen einzuschätzen.

Lernjob 1 Darstellung und Vergleich von Kostenfunktionen

Aufgrund von Preisanfragen der Beschaffungsabteilung erhält Herr Neufeld die Informationen, dass die variablen Kosten voraussichtlich 70 € je Neoprenanzug betragen; als fixe Kosten werden 4.800 € vermutet. Mit diesen Informationen bittet Sie Herr Neufeld, die Kostensituation für unterschiedliche Produktionsmengen darzustellen und zu analysieren.

a) Informieren Sie sich über Kostenfunktionen und Kostenverläufe in Abhängigkeit der Beschäftigung. Erläutern Sie die Begriffe „variable Kosten“ und „fixe Kosten“ und geben Sie jeweils Beispiele.

b) Nach Schätzungen des Produktionsleiters wäre eine maximale Produktionsmenge von 120 Neoprenanzügen möglich. Erläutern Sie in diesem Zusammenhang die Begriffe „Beschäftigung“ und „technische Kapazität“.

c) Ermitteln Sie den Beschäftigungsgrad, wenn – wie bisher – nur 60 Stück produziert werden würden sowie die mögliche Stückzahl bei einem Beschäftigungsgrad von demnächst 95 % der maximal möglichen Produktionsmenge.

d) Stellen Sie die Kostenfunktion für die Produktion der Neoprenanzüge auf und ermitteln Sie die Kosten bei einer Produktionsmenge von 60 Stück.

e) Zeichnen Sie die variablen, fixen und gesamten Kosten in Abhängigkeit der Produktionsmenge im folgenden Koordinatensystem. Bezeichnen Sie die Achsen und Halbgeraden.

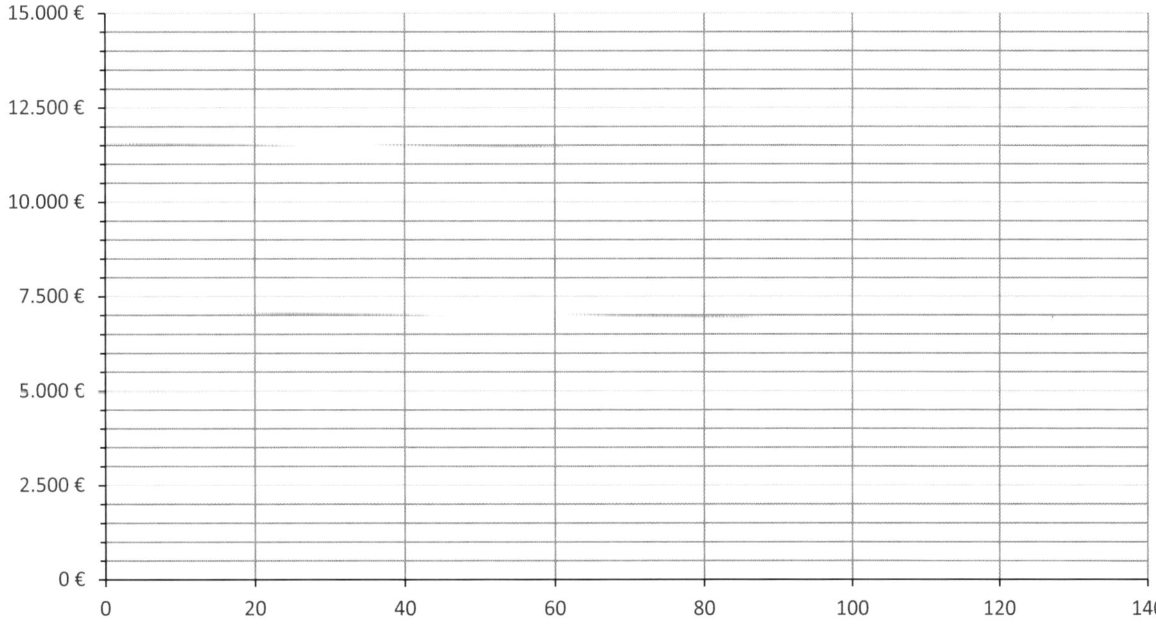

f) Erläutern Sie, inwiefern die variablen Kosten auch anders als in diesem Beispiel verlaufen können.

g) Beschreiben Sie, wie sich in diesem Fall die Funktion der Stückkosten verhält und erläutern Sie in diesem Zusammenhang die Begriffe „Fixkostendegression“ und „Gesetz der Massenproduktion“.

Lernjob 2 Break-Even-Point

Frau Krüger aus dem Vertrieb vermutet Marktbeobachtungen zufolge, dass für die Neoprenanzüge ein Erlös pro Stück in Höhe von 130 € festgelegt werden kann. Im Rahmen der Planung der Absatzmenge möchte die Vertriebsabteilung gern wissen, wie hoch die Produktionsmenge sein muss, damit die Sportina AG einen Gewinn erwirtschaftet.

a) Informieren Sie sich über die Gewinnschwelle (Break-Even-Point) und erläutern Sie, was darunter zu verstehen ist.

b) Ermitteln Sie rechnerisch den Break-Even-Point.

c) Stellen Sie grafisch den Break-Even-Point mittels der Kosten- und Erlösfunktion dar.

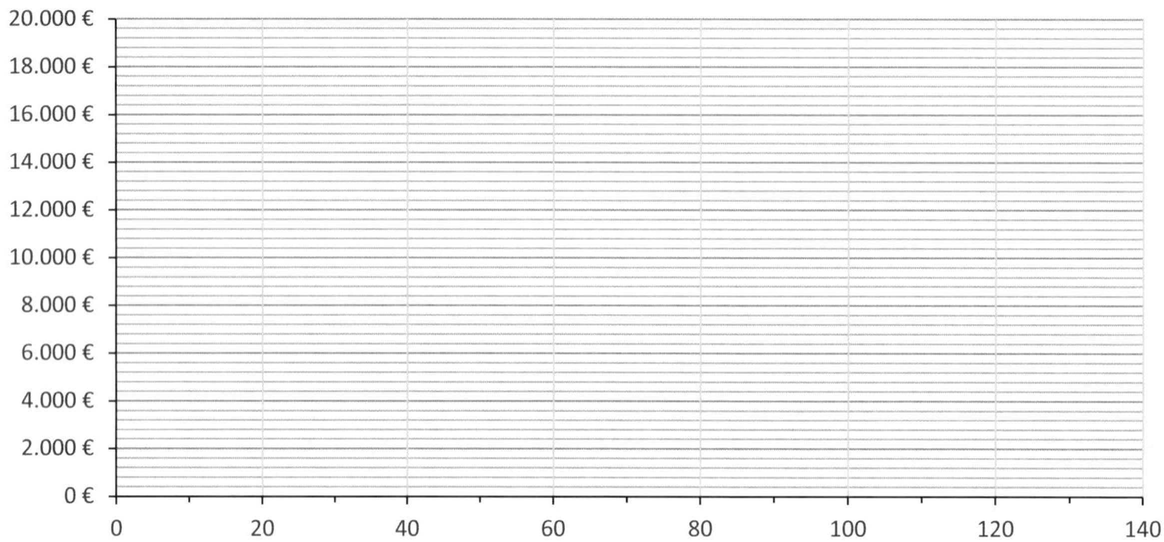

d) Der Produktionsleiter Herr Schmale kann sich gut vorstellen, die Produktion auf einen Beschäftigungsgrad von 90 % auszudehnen. Beurteilen Sie den Gewinn in diesem Fall.

Lernjob 3 Eigenfertigung oder Fremdbezug

Durch eine Kundenbefragung hat Frau Krüger erfahren, dass eine maximale Absatzmenge in Höhe von 100 Neoprenanzüge im Jahr möglich ist. Frau Schnake aus der Einkaufsabteilung berichtet, dass die Neoprenanzüge nach sämtlichen Vertragsverhandlungen als Handelswaren von einem chinesischen Anbieter zu einem Preis von 120 € pro Stück beschafft werden können. So stellt sich die Geschäftsleitung die Frage, ob bei einer Produktionsmenge von – wie geplant – 95 Stück die Neoprenanzüge fremdbezogen werden oder selbst hergestellt werden sollen.

a) Ermitteln Sie den Beschäftigungsgrad bei einer Ausbringungsmenge von 95 Neoprenanzügen.

b) Errechnen Sie die kritische Menge, ab wann die Eigenfertigung kostengünstiger ist.

c) Stellen Sie die kritische Menge in einem Koordinatensystem dar und geben Sie an, ob die Sportina AG die 95 Neoprenanzüge fremdbeziehen sollte.

d) Frau Schnake aus dem Einkauf hat herausgefunden, dass die Sportina AG von einem englischen Lieferanten Neoprenanzüge im fertigen Schnitt als Vorprodukt beschaffen kann, die nur noch genäht werden und mit Reißverschlüssen versehen werden müssen. Für dieses Produktionsverfahren würden zwar variable Kosten in Höhe von 100 € pro Stück anfallen. Jedoch würden sich die fixen Kosten nur auf 1.200 € beschränken. Ermitteln Sie jeweils die kritischen Mengen und unterbreiten Sie ein Vorschlag, zu welcher Alternative Sie bei einer Produktionsmenge von 95 Stück raten:

Vergleich der Beschaffungsmöglichkeiten	**Kritische Produktionsmenge**
Produktion aus Rohstoffen oder Fremdbezug	
Produktion aus Rohstoffen oder Vorprodukt	
Produktion aus Vorprodukt oder Fremdbezug	

e) Beurteilen Sie Chancen und Risiken der gewählten Alternative.

Haben Sie folgende Kompetenzen in dieser Lernsituation erworben?				
Ich kann ...				
die Begriffe „Beschäftigung" und „Kapazität" erklären.				
Kostenfunktionen mit variablen und fixen Kosten aufstellen.				
Kostenfunktionen grafisch im Koordinatensystem darstellen.				
proportionale von unter- und überproportionalen Kostenverläufen unterscheiden.				
die Fixkostendegression im Zusammenhang mit dem Gesetz der Massenproduktion erklären.				
den Begriff „Break-Even-Point" erläutern und rechnerisch sowie grafisch ermitteln.				
kritische Mengen bei unterschiedlichen Kostenfunktionen rechnerisch und grafisch ermitteln und beurteilen.				

Reflexion des Lernerfolgs:

Stellen Sie sich am Ende dieser Lerneinheit folgende Fragen:

Was waren die Inhalte der Lerneinheit? Was ist mir gelungen/was nicht? Warum ist es mir gelungen/nicht gelungen? Welche Methoden/Vorgehensweisen haben mir besonders gut gefallen?

Lernsituation 8: Deckungsbeitragsrechnung anwenden

Infoband 3, LF 10, Kap. 8.

Folgende Kompetenzen können Sie in dieser Lernsituation erwerben:				
Ich kann ...				
die Vorzüge der Teilkostenrechnung mit der Deckungsbeitragsrechnung aufzeigen.				
das Betriebsergebnis mithilfe der Deckungsbeitragsrechnung ermitteln.				
die Gewinnschwellenmenge mit der Deckungsbeitragsrechnung errechnen.				
die kurz- und langfristige Preisuntergrenze festlegen.				
die Chancen und Risiken der kurzfristigen Preisuntergrenze beurteilen.				

Leider bringt die Produktion der Neoprenanzüge nicht die erwarteten Gewinne. Da die Sommermode im Kommen ist, überlegt die Geschäftsleitung der Sportina AG, ob auch Bademoden in das Produktionsprogramm aufgenommen werden können, denn es bestehen noch freie Kapazitäten.

Der Produktionschef, Herr Faust, berichtet, dass in der Planungswoche noch Kapazitäten für 90 Badeanzüge frei sind. Frau Krüger aus dem Verkauf schätzt, dass ein Umsatzerlös in Höhe von 80 €/Stück realisiert werden kann.

Mit folgenden Kosten für Badeanzüge wird gerechnet:

Lohnkosten:	5,60 €/Stück
Materialkosten:	12,25 €/Stück
Energiekosten:	0,15 €/Stück
sonstige variable Kosten:	2,00 €/Stück
Abschreibungen:	420,00 €
Miete:	150,00 €
Gehälter:	4.600,00 €
Sonstige fixe Kosten:	830,00 €

Lernjob 1 Kosten und Deckungsbeitrag

Um entscheiden zu können, ob die Bademoden in das Produktionsprogramm aufgenommen werden, beauftragt Sie Herr Neufeld, hierfür entscheidungsvorbereitende Analysen im Rahmen der Teilkostenrechnung zusammenzustellen.

a) Informieren Sie sich über die Teilkostenrechnung und erläutern Sie Chancen dieses Kostenrechnungssystems.

b) Ermitteln Sie:
- die variablen Kosten je Stück und insgesamt
- den Deckungsbeitrag je Stück und insgesamt
- den Betriebsgewinn

und tragen Sie die Werte in der folgenden Tabelle ein:

	je Stück	**90 Stück**
Umsatzerlöse		
variable Kosten		
Deckungsbeitrag		
fixe Kosten		
Betriebsgewinn/-verlust		

c) Geben Sie Herrn Faust eine Empfehlung, ob die 90 Badeanzüge produziert werden sollen.

Lernjob 2 Gewinnschwellenmenge in der Deckungsbeitragsrechnung

Die Produktionsabteilung kann noch weitere Kapazitäten zulasten der Neoprenanzüge schaffen. Dazu benötigt Herr Faust genaue Informationen, ab welcher Produktionsmenge Gewinn mit den Badeanzügen erzielt wird.

a) Ermitteln Sie mithilfe des Deckungsbeitrags die Gewinnschwellenmenge.

b) Stellen Sie die Gewinnfunktion für die Produktion der Badeanzüge auf.

c) Stellen Sie grafisch die Gewinnfunktion im folgenden Koordinatensystem dar und kennzeichnen Sie die Bereiche, in denen Gewinn bzw. Verlust ermittelt wird.

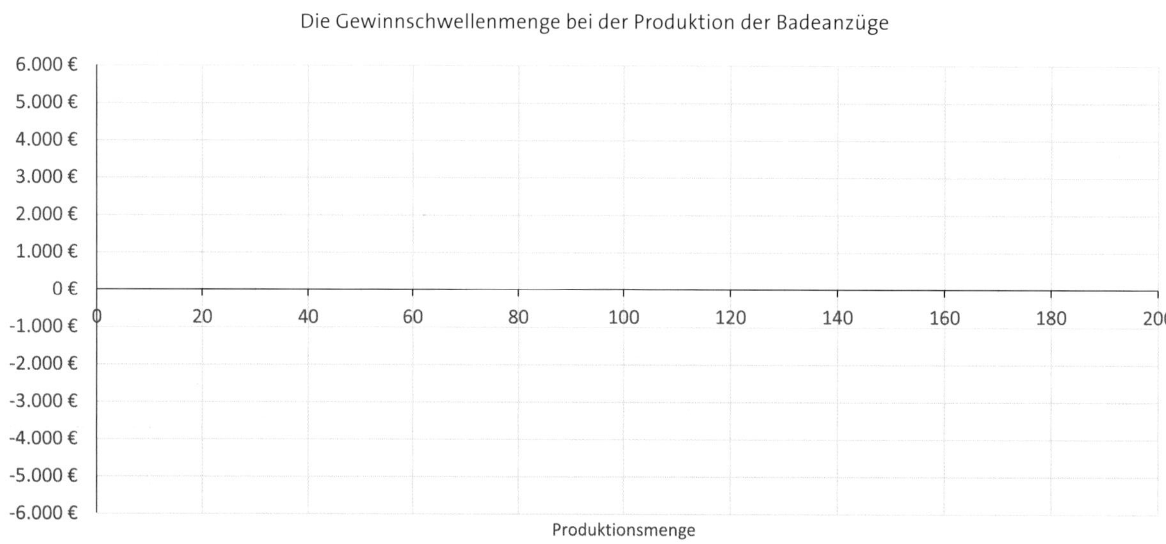

d) Frau Krüger aus der Verkaufsabteilung schätzt aufgrund von Vergangenheitswerten, dass eine maximale Absatzmenge von 140 Badeanzügen möglich ist. Ermitteln Sie für diese Menge den Deckungsbeitrag und den Gewinn.

Lernjob 3 Preisuntergrenze

Frau Krüger hat bei einer Kundenbefragung herausgefunden, dass der Umsatzerlös pro Badeanzug bei einer Absatzmenge von 140 Stück nicht in Höhe von 80 €/Stück realisiert werden kann. Die Kunden sind nicht bereit, diesen Betrag zu zahlen. Aus diesem Grund muss der Preis gesenkt werden. Daher fragt sie bei Herrn Neufeld nach, ob noch kurzfristige Preissenkungen möglich sind.

a) Legen Sie für Frau Krüger eine kurzfristige und langfristige Preisuntergrenze fest und begründen Sie diese jeweils.

b) Stellen Sie Chancen und Risiken der kurzfristigen Preisuntergrenze gegenüber.

Haben Sie folgende Kompetenzen in dieser Lernsituation erworben?				
Ich kann ...				
die Vorzüge der Teilkostenrechnung mit der Deckungsbeitragsrechnung aufzeigen.				
das Betriebsergebnis mithilfe der Deckungsbeitragsrechnung ermitteln.				
die Gewinnschwellenmenge mit der Deckungsbeitragsrechnung errechnen.				
die kurz- und langfristige Preisuntergrenze festlegen.				
die Chancen und Risiken der kurzfristigen Preisuntergrenze beurteilen.				

Reflexion des Lernerfolgs:

Stellen Sie sich am Ende dieser Lerneinheit folgende Fragen:

Was waren die Inhalte der Lerneinheit? Was ist mir gelungen/was nicht? Warum ist es mir gelungen/nicht gelungen? Welche Methoden/Vorgehensweisen haben mir besonders gut gefallen?

Lernsituation 9: Entscheidungen treffen mithilfe der Deckungsbeitragsrechnung

Infoband 3, LF 10, Kap. 8.

Folgende Kompetenzen können Sie in dieser Lernsituation erwerben:				
Ich kann ...				
die Deckungsbeitragsrechnung zur Entscheidung über Zusatzaufträge anwenden.				
mithilfe des absoluten Deckungsbeitrags Mindestmengen und Kapazitätsgrenzen sowie das optimale Produktionsprogramm bestimmen.				
den relativen Deckungsbeitrag ermitteln und damit das optimale Produktionsprogramm festlegen und beurteilen.				

Eine wichtige Produktsparte der Sportina AG sind die Radhosen. Mit der bequemen Polsterung der Hosen im Sitzbereich hat sich das Unternehmen bereits einen guten Namen in diesem Marktsektor gemacht. Bisher bieten sie lange Radhosen und Bike-Shorts an.

Lernjob 1 Entscheidung über die Annahme eines Zusatzauftrags

Die Bike-Saison steht unmittelbar bevor und für die nächste Periode müssen die Produktionsaufträge geplant werden. Für die nächste Periode ist geplant, 400 lange Radhosen und 500 Bike-Shorts zu produzieren.

Die fixen Kosten betragen insgesamt: 40.000 €.

Folgende Daten stehen für diese Erzeugnisse zur Verfügung:

Produkt	Radhose lang	Bike Shorts
variable Kosten/Stück	60 €	45 €
Umsatzerlöse/Stück	125 €	72 €

a) Ermitteln Sie den Deckungsbeitrag und den Betriebsgewinn/-verlust.

b) Herr Faust stellt an die Kostenrechnungsabteilung die Frage, ob auch noch ein Zusatzauftrag über 120 Radler Tights des Kunden Bikes Line GmbH für mittlere Temperaturen angenommen werden kann. Die variablen Kosten hierfür betragen 55 €/Stück und die Umsatzerlöse werden auf 60 €/Stück vermutet. Geben Sie an, ob der Zusatzauftrag angenommen werden soll und begründen Sie ihre Entscheidung.

c) Ermitteln Sie den zusätzlichen Betriebsgewinn durch den Zusatzauftrag.

Lernjob 2 Bestimmung des optimalen Produktionsprogramms der Radhosen

Frau Krüger liegt eine Veröffentlichung einer Marktforschungsstudie über die mögliche Entwicklung der Absatzmengen vor. Demzufolge ist mit einem Rückgang der langen Radhosen, einer Zunahme der Shorts und einem deutlichen Zuwachs der Tights zu rechnen. Daraufhin überdenkt Sie noch einmal Ihre Absatzplanung für die nächste Periode und erstellt folgende neue Bedarfsplanung:

Produkt	**Radhose lang**	**Bike-Shorts**	**Rad-Tights**
Umsatzerlöse/Stück	110 €	79 €	104 €
höchstmögliche Absatzmenge	200 Stück	700 Stück	700 Stück
Mindest-Absatzmenge	100 Stück	450 Stück	500 Stück

a) Entwickeln Sie – unter Berücksichtigung, dass die Kosten unverändert wie im Lernjob 1 bleiben – mithilfe folgender Tabelle das optimale Produktionsprogramm und ermitteln Sie den Betriebsgewinn. Maximal können 1.300 Hosen gefertigt werden.

	Radhose lang	**Bike-Shorts**	**Rad-Tights**	**Summen**
Nettoumsatzerlöse/Stück				
variable Kosten				
Stückdeckungsbeitrag				
höchstmögliche Absatzmenge				
Mindest-Produktionsmenge				
optimales Produktionsprogramm				
Deckungsbeitrag				
fixe Kosten				
Betriebsgewinn				

b) Erläutern Sie, warum die neuen Überlegungen des Absatz- und Produktionsprogramms zu einem deutlich besseren Betriebsgewinn führen.

Lernjob 3 Bestimmung des optimalen Produktionsprogramms der Radjacken

Auch das Produktionsprogramm für die Radoberbekleidung muss geplant werden. Folgende Angaben stellt Herr Faust hierfür zur Verfügung und bittet Sie mithilfe der Deckungsbeitragsrechnung das optimale Produktionsprogramm zu entwickeln.

	Windjacke	**Fleecejacke**	**Jerseyjacke**
Nettoumsatzerlöse/Stück	46,00 €	38,00 €	31,00 €
variable Kosten	21,00 €	16,00 €	16,50 €
Fertigungsmenge/Stunde	4	6	8
höchstmögliche Absatzmenge	180 Stück	300 Stück	500 Stück
Mindest-Produktionsmenge	140 Stück	280 Stück	340 Stück

An fixen Kosten entstehen insgesamt 11.000 €.

a) Ermitteln Sie aufgrund der Angaben die relativen Deckungsbeiträge.

b) Legen Sie aufgrund der relativen Deckungsbeiträge das optimale Produktionsprogramm fest, wenn 135 Stunden zur Verfügung stehen.

c) Ermitteln und beurteilen Sie den Betriebsgewinn.

Produkte	**Windjacke**	**Fleecejacke**	**Jerseyjacke**	**Summen**
Nettoumsatzerlöse/Stück				
variable Kosten				
Stückdeckungsbeitrag				
Produktionsmenge/Stunde				
relativer Deckungsbeitrag (€/Std.)				
höchstmögliche Absatzmenge				
Mindest-Produktionsmenge				
optimales Produktionsprogramm				
Zeit				
Deckungsbeitrag				
fixe Kosten				
Betriebsgewinn				

Haben Sie folgende Kompetenzen in dieser Lernsituation erworben?				
Ich kann ...				
die Deckungsbeitragsrechnung zur Entscheidung über Zusatzaufträge anwenden.				
mithilfe des absoluten Deckungsbeitrags die Mindestmengen und Kapazitätsgrenzen sowie das optimale Produktionsprogramm bestimmen.				
den relativen Deckungsbeitrag ermitteln und damit das optimale Produktionsprogramm festlegen und beurteilen.				

Reflexion des Lernerfolgs:

Stellen Sie sich am Ende dieser Lerneinheit folgende Fragen:

Was waren die Inhalte der Lerneinheit? Was ist mir gelungen/was nicht? Warum ist es mir gelungen/nicht gelungen? Welche Methoden/Vorgehensweisen haben mir besonders gut gefallen?

....

....

....

....

....

....

Arbeitsblatt 1

Abgrenzungsrechnung – Sportina AG, Werk Herne

Rechnungskreis I				Rechnungskreis II					
Gewinn- und Verlustrechnung (Fibu)				Abgrenzungsbereich				Kosten- und Leistungsbereich	
Kontenklassen 5, 6, 7				Unternehmensbezogene Abgrenzung		Kostenrechnerische Korrekturen			
Kontonummer	Kontobezeichnung	Aufwendungen €	Erträge €	Neutrale Aufwendungen €	Neutrale Erträge €	Aufwendungen Fibu €	Verrechnete Kosten €	Kosten €	Leistungen €
Summen:									
Salden (Ergebnisse):									
		Unternehmensergebnis		Ergebnis aus unternehmensbezogener Abgrenzung		Ergebnis aus kostenrechnerischen Korrekturen		Betriebsergebnis	

Arbeitsblatt 2

Abgrenzungsrechnung – Sportina AG, Werk Düsseldorf

Rechnungskreis I				Rechnungskreis II					
Gewinn- und Verlustrechnung (Fibu)				Abgrenzungsbereich				Kosten- und Leistungsbereich	
Kontenklassen 5, 6, 7				Unternehmensbezogene Abgrenzung		Kostenrechnerische Korrekturen			
Kontonummer	Kontobezeichnung	Aufwendungen €	Erträge €	Neutrale Aufw. €	Neutrale Erträge (€)	Aufw. Fibu €	Verrechnete Kosten €	Kosten €	Leistungen €
	Summen:								
Salden (Ergebnisse):									
		Unternehmensergebnis		Ergebnis aus unternehmensbezogener Abgrenzung		Ergebnis aus kostenrechnerischen Korrekturen		Betriebsergebnis	

Arbeitsblatt 3

BAB der Sportina AG, Werk Herne

Kostenstellen			**Material**	**Fertigung**	**Verwaltung**	**Vertrieb**
Gemeinkosten	Verteilungsgrundlage	Gesamtkosten	**I**	**II**	**III**	**IV**
Gehälter	Gehaltsliste	200.000 €	40.000			
Sozialkosten	Verteilerschlüsssel	50.000 €				
Abschreibungen	Anlagewerte	90.100 €				
Mietaufwendungen	Quadratmeter	50.500 €				
Aufwendungen Kommunikation	Verteilerschlüsssel	27.000 €				
Zinsaufwendungen	Verteilerschlüsssel	78.975 €				
Kalkulatorische Wagnisse	Verteilerschlüsssel	45.325 €				
	Summen:					
Zuschlagsgrundlagen: Materialeinzelkosten Fertigungseinzelkosten Herstellkosten der Erzeugung/des Umsatzes						
		Zuschlagssätze:				

Arbeitsblatt 4

BAB der Sportina AG, Werk Düsseldorf

Kostenstellen			**Material**	**Fertigung**	**Verwaltung**	**Vertrieb**
Gemeinkosten	Verteilungsgrundlage	Gesamtkosten	**I**	**II**	**III**	**IV**
	Summen:					
Zuschlagsgrundlagen:						
		Zuschlagssätze:				

Arbeitsblatt 5

Kostenträgerzeitblatt, Sparte Unterwäsche

Kostenträgerzeitrechnung auf Ist-Kostenbasis der Sparte Unterwäsche				
	Zuschlagssätze	Gesamt	Damen	Herren
MEK				
MGK				
MK				
FEK				
FGK				
FK				
HK der Erzeugung				
Bestands-Veränderung				
Herstellkosten des Umsatzes				
VwGK				
VtGK				
SK				
Umsatzerlöse				
Betriebsgewinn				

Arbeitsblatt 6

Kostenträgerzeitblatt auf Ist- und Sollkostenbasis, Sparte Fantrikots

	Normalkosten	Zuschlagssätze		Ist-Kosten	Kostenabweichungen
		Normk.	Ist-K.		
MEK (Materialeinzelkosten)					
+ MGK (Materialgemeinkosten)					
= MK (Materialkosten)					
FEK (Fertigungseinzelkosten)					
+ FGK (Fertigungsgemeinkosten)					
= FK (Fertigungskosten)					
Herstellkosten d. Erzeugung					
+ Bestands-Minderung					
Herstellkosten d. Umsatzes					
+ VwGK (Verwaltungsgemeinkosten)					
+ VtGK (Vertriebsgemeinkosten)					
= Selbstkosten					
Umsatzerlöse					
Umsatzergebnis		Betriebsergebnis			

Arbeitsblatt 7

Kostenträgerzeitblatt

Kosten	Prozentsatz	Vorkalkulation	Prozentsatz	Nachkalkulation
MEK (Materialeinzelkosten)		5.400,00 €		5.500,00 €
+ MGK (Materialgemeinkosten)	21 %			1.210,00 €
= MK (Materialkosten)				
FEK (Fertigungseinzelkosten)		2.300,00 €		2.250,00 €
+ FGK (Fertigungsgemeinkosten)	85 %			1.912,50 €
+ Sondereinzelkosten der Fertigung		600,00 €		600,00 €
= FK (Fertigungskosten)				
= HK (Herstellkosten)				
+ VwGK (Verwaltungsgemeinkosten)	22 %			2.638,68 €
+ VtGK (Vertriebsgemeinkosten)	8 %			803,08 €
= Selbstkosten				
+ Gewinn	17 %			
= Barverkaufspreis				
+ Kundenskonto	3 %			
+ Vertriebsprovision	7 %			
= Zielverkaufspreis				
+ Kundenrabatt	10 %			
= Listenverkaufspreis				

Arbeitsblatt 8

Position	Prozentsatz	Betrag
Listeneinkaufspreis		
- Lieferrabatt		
= Zieleinkaufspreis		
- Lieferskonto		
= Bareinkaufspreis		
+ Bezugskosten		
= Bezugspreis		
+ Handlungskosten		
= Selbstkosten		
+ Gewinn		
= Barverkaufspreis		
+ Kundenskonto		
= Zielverkaufspreis		
+ Einführungsrabatt		
= Listenverkaufspreis		

Lernfeld 11 Geschäftsprozesse darstellen und optimieren

Im dritten Jahr Ihrer Ausbildung zur Kauffrau/zum Kaufmann für Büromanagement bei der Sportina AG werden Sie auch für einige Zeit in der Organisationsabteilung eingesetzt. Als Sie sich bei der Abteilungsleiterin Frau Anke Kreuz melden, stellt sie Ihnen zuerst die übrigen Mitarbeiter des Bereichs vor. Danach führt Sie Frau Kreuz zu Ihrem Schreibtisch, der im Büro von Herrn Linus Kronenburg, einem langjährigen Mitarbeiter der Organisationsabteilung, steht. Etwas aufgeregt richten Sie sich an Ihrem neuen Arbeitsplatz ein und fragen sich, welche Aufgaben hier wohl in der nächsten Zeit auf Sie warten werden.

MEDIEN

Sofern zur Lösung der einzelnen Lernsituationen und deren Lernjobs Arbeitsblätter verwendet werden, sind diese am Ende des Lernfelds abgedruckt. Darüber hinaus stehen sie unter www.kiehl.de auf der Produktseite dieses Buches zum kostenfreien Download bereit.

Lernsituation 1: Grundlagen der betrieblichen Organisation

Infoband 3, LF 11, Kap. 1.

Folgende Kompetenzen können Sie in dieser Lernsituation erwerben:	👍	👌	🤏	👎
Ich kann ...				
die Notwendigkeit sowie die Ziele und die Aufgaben der betrieblichen Organisation in heutigen Unternehmen erklären.				
generelle Regelungen, fallweise Regelungen und spontane Regelungen gegeneinander abgrenzen und bewerten.				
die Grundsätze betrieblicher Organisation erläutern.				
die Bedeutung sowie die Inhalte der Aufbauorganisation und der Ablauforganisation unterscheiden.				
die Aufgaben der betrieblichen Organisation beschreiben und auf eine konkrete Problemstellung übertragen.				

Nachdem Sie sich zurechtgefunden haben, kommt Frau Kreuz zurück und bespricht mit Ihnen eine der aktuellen Problemstellungen in der Organisationsabteilung, bei deren Lösung Sie mitarbeiten sollen:

„Wir haben in den letzten Monaten einen deutlichen Anstieg von fehlerhaften oder verspäteten Warenlieferungen festgestellt. Irgendetwas läuft da bei der Auftragsabwicklung schief, sodass unsere Kunden ihre Bestellungen zu spät oder unvollständig erhalten."

Lernjob 1 Ziele und Grundsätze der betrieblichen Organisation kennenlernen

Als Frau Kreuz das Büro wieder verlassen hat, denken Sie eine Weile über das Gehörte nach. Schließlich wenden Sie sich an Ihren Kollegen Herrn Kronenburg:

„Müssten sich denn nicht die für die Lieferungen verantwortlichen Abteilungen selbst darum kümmern, dass die Kunden die bestellten Waren auch vollständig und rechtzeitig bekommen?"

a) Informieren Sie sich über die Ziele und Aufgaben betrieblicher Organisation und bewerten Sie die Rolle von generellen Regelungen, fallweisen Regelungen und spontanen Regelungen, indem Sie jeweils die Vorteile der drei Kategorien sammeln.

Arbeitsblatt 1

b) Erarbeiten Sie sich die Grundsätze betrieblicher Organisation und erläutern Sie jeweils mögliche negative Auswirkungen, die auftreten können, wenn diese Grundsätze nicht eingehalten werden.

Arbeitsblatt 2

c) Überlegen Sie, warum es insbesondere in größeren Unternehmen eine eigene Organisationsabteilung gibt, die sich unabhängig von den anderen Abteilungen um die Gestaltung und Umsetzung der Betriebsorganisation kümmert.

Lernjob 2 Aufbauorganisation und Ablauforganisation unterscheiden

Als Sie am nächsten Morgen zur Arbeit kommen, finden Sie einen gut gefüllten Aktenordner auf Ihrem Schreibtisch. Herr Kronenburg erklärt Ihnen, warum er den Ordner herausgesucht hat:

„Wenn Sie einen Eindruck davon bekommen wollen, was wir hier so machen, schauen Sie sich doch einmal ein paar Unterlagen aus der Betriebsorganisation an. Einiges kommt Ihnen vielleicht noch bekannt vor, da Sie sich zu Beginn Ihrer Ausbildung bestimmt mit dem Aufbau unseres Unternehmens beschäftigt haben."

Lernsituationen 1, LF 1, LS 5

Als Sie den Aktenordner öffnen, finden Sie darin eine Vielzahl unterschiedlicher Dokumente:

- Stellenbeschreibung „Mitarbeiter/in im Backoffice"
- Plan vom Großraumbüro der Vertriebsabteilung inklusive Schreibtischzuordnungen
- Informationsmappe für neue Mitarbeiter mit den wichtigsten Regelungen zu den Themen „Arbeits- und Pausenzeiten", „Arbeitsschutz", „Krankheitsfall" und „Dienstreisen"
- Organigramm der Sportina AG
- detaillierter Projektplan für die Einrichtung und Eröffnung der neuen Filiale der Sportina AG in Köln inklusive der dafür durchzuführenden Tätigkeiten
- Liste mit den Mitarbeitern in der Abteilung „Organisation".

Ordnen Sie die Dokumente entweder der Aufbauorganisation oder Ablauforganisation zu. Begründen Sie Ihre Zuordnung.

Arbeitsblatt 3

Lernjob 3 Aufgaben der Organisationsabteilung erläutern

Nachdem Sie sich die einzelnen Dokumente aus dem Aktenordner angesehen haben, sind Sie neugierig geworden und fragen bei Herrn Kronenburg nach:

„Welche Aufgaben übernimmt denn nun die Organisationsabteilung bezüglich des Problems der steigenden Anzahl verspäteter bzw. fehlerhafter Warenlieferungen?“

Informieren Sie sich über die folgenden Aufgaben der Organisationsabteilung und erläutern Sie, wie diese Aufgaben zur Lösung der Probleme bezüglich der Warenlieferungen konkret beitragen können.

- Organisationsanalyse
- Organisationsplanung
- Organisationsgestaltung
- Organisationseinführung.

Arbeitsblatt 4

Haben Sie folgende Kompetenzen in dieser Lernsituation erworben?	👍	👌	✊	👎
Ich kann ...				
die Notwendigkeit sowie die Ziele und die Aufgaben der betrieblichen Organisation in heutigen Unternehmen erklären.				
generelle Regelungen, fallweise Regelungen und spontane Regelungen gegeneinander abgrenzen und bewerten.				
die Grundsätze betrieblicher Organisation erläutern.				
die Bedeutung sowie die Inhalte der Aufbauorganisation und der Ablauforganisation unterscheiden.				
die Aufgaben der betrieblichen Organisation beschreiben und auf eine konkrete Problemstellung übertragen.				

Reflexion des Lernerfolgs:

Stellen Sie sich am Ende dieser Lerneinheit folgende Fragen:

Was waren die Inhalte der Lerneinheit? Was ist mir gelungen/was nicht? Warum ist es mir gelungen/nicht gelungen? Welche Methoden/Vorgehensweisen haben mir besonders gut gefallen?

....

....

....

....

....

....

....

....

....

....

Lernsituation 2:
Darstellung und Entwicklung der Aufbauorganisation

Infoband 3, LF 11, Kap. 2.

Folgende Kompetenzen können Sie in dieser Lernsituation erwerben:	👍	👌	🤙	👎
Ich kann …				
die Aufbauorganisation eines Unternehmens als Organigramm darstellen.				
die Prozessschritte zur Entwicklung einer Aufbauorganisation beschreiben.				
die Vorgehensweise bei der Aufgabenanalyse erläutern und einen Aufgabengliederungsplan erstellen.				
die Prinzipien „Zentralisation" und „Dezentralisation" in Bezug auf die Stellenbildung unterscheiden und mithilfe von Vor- und Nachteilen bewerten.				
ein angemessenes Prinzip zur Stellenbildung situations- und zielorientiert auswählen.				
die betriebliche Hierarchie sowie die Aufgaben der einzelnen Leitungsebenen erläutern.				
mögliche Konflikte und Probleme innerhalb der betrieblichen Hierarchie benennen.				
die Grundformen für Leitungssysteme „Sektoralorganisation", „Funktionalorganisation", „Spartenorganisation" und „Matrixorganisation" unterscheiden sowie mithilfe von Vor- und Nachteilen bewerten.				

Bevor Sie sich zusammen mit den anderen Mitarbeitern der Organisationsabteilung um das Problem bezüglich verspäteter bzw. unvollständiger Warenlieferungen kümmern können, muss erst noch eine dringendere Aufgabe gelöst werden. Frau Andrea Richter, die Leiterin der neuen Filiale in Köln, hat verschiedene organisatorischen Schwierigkeiten in ihrem Team gemeldet und um Hilfe gebeten. Frau Kreuz bittet Herrn Kronenburg, sich die Situation vor Ort einmal anzusehen und Sie sollen ihn begleiten und unterstützen.

Lernjob 1 Aufbauorganisation als Organigramm darstellen

Als Sie zusammen mit Herrn Kronenburg in der Kölner Filiale ankommen, erwartet Sie Frau Richter bereits mit dem kompletten Team. Zur Begrüßung stellt Ihnen die Filialleiterin jeden Mitarbeiter einzeln vor:

„Ich möchte Sie zuerst mit den Teamleitern unserer Filiale bekannt machen: Herr Matthias Boll führt das Verkaufsteam, Frau Katarina Nowak ist für das Lager verantwortlich und Frau Yasmin Deniz kümmert sich mit ihren Mitarbeitern um die anfallenden Aufgaben in der Verwaltung.

Die Verkäufer in der Filiale sind jeweils einem bestimmten Bereich zugeordnet. Im Bereich „Kleidung" arbeiten Herr Heinz Linden, Frau Sarah Johnson und Frau Linda Hüls. Herr Cem Demir, Herr Lars Schmidt und Frau Regine Ziegler sind hauptsächlich bei den „Fitnessgeräten" anzutreffen während Herr Hans Kluge, Frau Janina Oppermann und Frau Iris Erikson im Bereich „Zubehör" tätig sind.

Die Aufgaben im Lager übernehmen zurzeit die Lageristen Herr Rüdiger Wensing und Frau Beate de Vries und den Papierkram rund um die Filialverwaltung erledigen die Verwaltungsangestellten Frau Rita Finke, Frau Henrietta Krug sowie Herr Frank Lensing.

In meiner eigenen Rolle als Filialleiterin werde ich von meinem Assistenten Herrn Carsten Neumann unterstützt, der keinem Team zugeordnet ist und mir insbesondere bei der Erledigung des organisatorischen Tagesgeschäfts zur Hand geht. Außerdem ist der Filiale noch die Außendienstmitarbeiterin Frau Nadja Führmann zugeordnet, die sich um die Großkunden in der Region kümmert. Frau Führmann ist mir jedoch nur fachlich unterstellt, für ihre Personalführung ist eigentlich Frau Martina Krüger, die Leiterin der Verkaufsabteilung, verantwortlich."

Nach der Vorstellung durch Frau Richter schwirrt Ihnen aufgrund der Vielzahl von Namen der Kopf.

Stellen Sie die Aufbauorganisation der Kölner Filiale ausgehend von der Filialleiterin Frau Andrea Richter in Form eines Organigramms grafisch dar.

Lernjob 2 Aufgabenanalyse durchführen

Nach der Vorstellungsrunde lädt Frau Richter Herrn Kronenburg und Sie in ihr Büro ein und erklärt, warum sie um Unterstützung durch die Organisationsabteilung gebeten hat:

„Da hier in Köln die erste eigene Verkaufsfiliale der Sportina AG aufgebaut wurde, fehlt es uns noch an Erfahrungen bezüglich der Aufgaben, die für eine erfolgreiche Führung dieser Niederlassung notwendig sind. Meine Mitarbeiter geben sich zwar wirklich Mühe und zeigen sehr viel Engagement, allerdings stelle ich regelmäßig fest, dass sich für bestimmte Tätigkeiten niemand verantwortlich fühlt, und diese dann einfach unerledigt bleiben. Dies führt häufig zu unvorhergesehen auftretenden Problemen, die die Arbeit in der Filiale weiter erschweren. Wir brauchen hier dringend eine grundlegende, organisatorische Struktur, die die Aufgabenbereiche und Kompetenzen der einzelnen Mitarbeiter festlegt."

Informieren Sie sich über die Vorgehensweise der Aufgabenanalyse. Formulieren Sie anschließend die Gesamtaufgabe der Kölner Filiale und gliedern Sie diese in mindestens drei Hauptaufgaben. Zerlegen Sie die gefundenen Hauptaufgaben anschließend in jeweils mindestens zwei Teilaufgaben und diese wiederum in mindestens zwei Einzelaufgaben.

Arbeitsblatt 5

Lernjob 3 Stellen bilden

Sie haben gemeinsam mit Herrn Kronenburg und Frau Richter alle Aufgaben zusammengetragen, die in der Kölner Filiale erledigt werden müssen. Dabei fällt Ihnen auf, dass insbesondere im Bereich „Verkauf" eine sehr große Anzahl von Tätigkeiten angesiedelt ist, die sich auf die verschiedenen Produktkategorien „Kleidung", „Fitnessgeräte" und „Zubehör" beziehen. Sie fragen sich, wie diese Einzelaufgaben am sinnvollsten auf die zehn Verkaufsmitarbeiter verteilt werden können.

a) Erläutern Sie am Beispiel des Bereichs „Verkauf", wie die Stellenbildung jeweils unter Anwendung der Prinzipien „Zentralisation" und „Dezentralisation" erfolgt.

b) Sammeln Sie die Vorteile und die möglichen Probleme der Prinzipien „Zentralisation" und „Dezentralisation" in Bezug auf die Bildung von Stellen.

Arbeitsblatt 6

c) Geben Sie eine begründete Empfehlung ab, welches der beiden Prinzipien „Zentralisation" und „Dezentralisation" bei der Stellenbildung im Verkaufsteam angewendet werden sollte.

Lernjob 4 Abteilungen schaffen

Nachdem Sie Frau Richter bei der Lösung ihres organisatorischen Problems unterstützt haben, machen Sie sich mit Ihrem Kollegen Herrn Kronenburg auf den Weg zurück zum Hauptsitz der Sportina AG in Herne. Während der Rückfahrt stellen Sie Ihrem Kollegen eine Frage, die Sie seit Ihrem Aufenthalt in Köln beschäftigt:

„Frau Richter hat bereits große Mühe, alle Tätigkeiten ihrer Mitarbeiter erfolgreich zu koordinieren und zu überwachen. Dabei ist sie als Filialleiterin nur für einen Bruchteil des Personals der Sportina AG verantwortlich. Wie schaffen das nur Frau Ringhausen und Herr Klinger als Vorstände des ganzen Unternehmens?"

a) Erläutern Sie die Entstehung von Leitungsebenen in einem Unternehmen und das Ziel, das dadurch erreicht werden soll.

b) Sammeln und beschreiben Sie mögliche Konflikte und Probleme, die durch die Bildung von Leitungsebenen in einem Unternehmen entstehen können.

Lernjob 5 Leitungssysteme beurteilen

Als Sie am nächsten Tag wieder zur Arbeit kommen, finden Sie auf Ihrem Schreibtisch mehrere, unterschiedliche Organigramme vor. Herr Kronenburg erklärt Ihnen, warum er Ihnen die Unterlagen zusammengestellt hat:

„Die wirtschaftliche Entwicklung eines Unternehmens spiegelt sich auch in den Veränderungen in der Aufbauorganisation wider. Daher habe ich Ihnen mal eines der ersten Organigramme aus der Historie der Sportina AG herausgesucht. Sie sollten dabei allerdings berücksichtigen, dass unser Arbeitgeber damals in einem kleinen Rahmen noch selbst Sportkleidung hergestellt und vertrieben hat. Die Umstellung auf ein reines Handelsunternehmen fand erst einige Jahre später statt und führte zu einer angepassten Aufbauorganisation, die bis heute Bestand hat.

Die nächste organisatorische Umstellung ist übrigens schon in Vorbereitung. Der Einkaufs- und Verkaufsbereich soll neu aufgebaut werden. Daher habe ich Ihnen auch zwei mögliche Entwürfe für die zukünftige Aufbauorganisation der Sportina AG dazugelegt."

Mit großem Interesse betrachten Sie die Organigramme.

Organigramm 1
Aufbauorganisation bei Unternehmensgründung

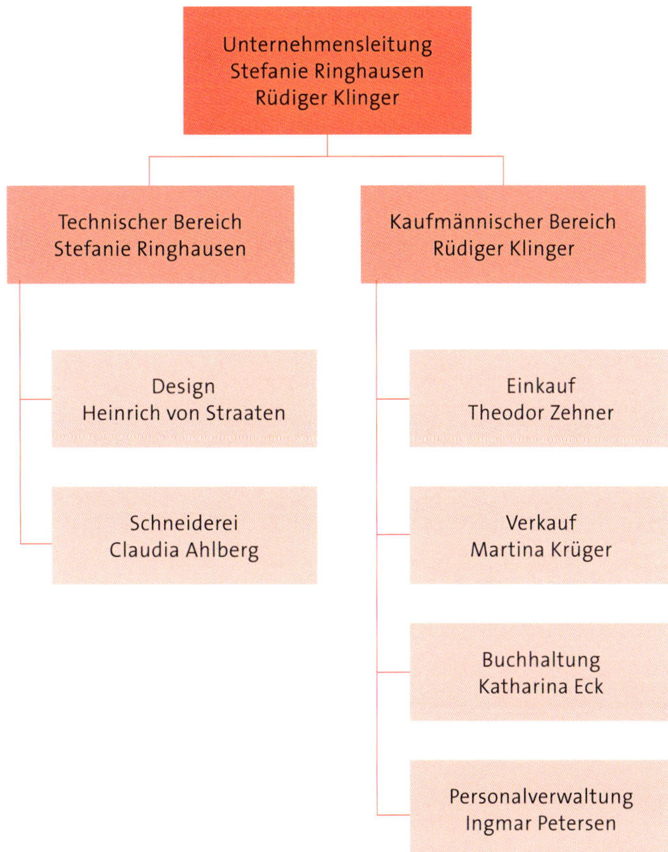

Organigramm 2
aktuelle Aufbauorganisation

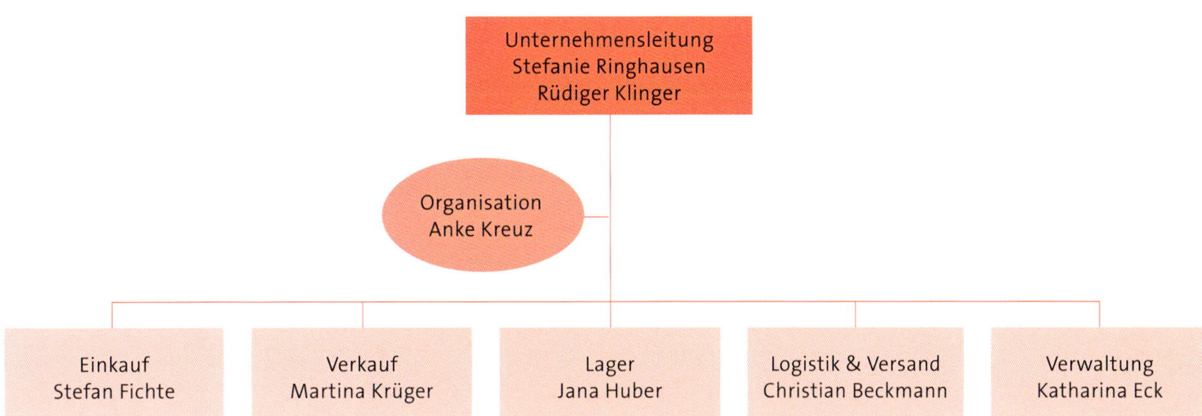

Organigramm 3
Vorschlag 1 zur Umgestaltung des Einkaufs- und Verkaufsbereichs

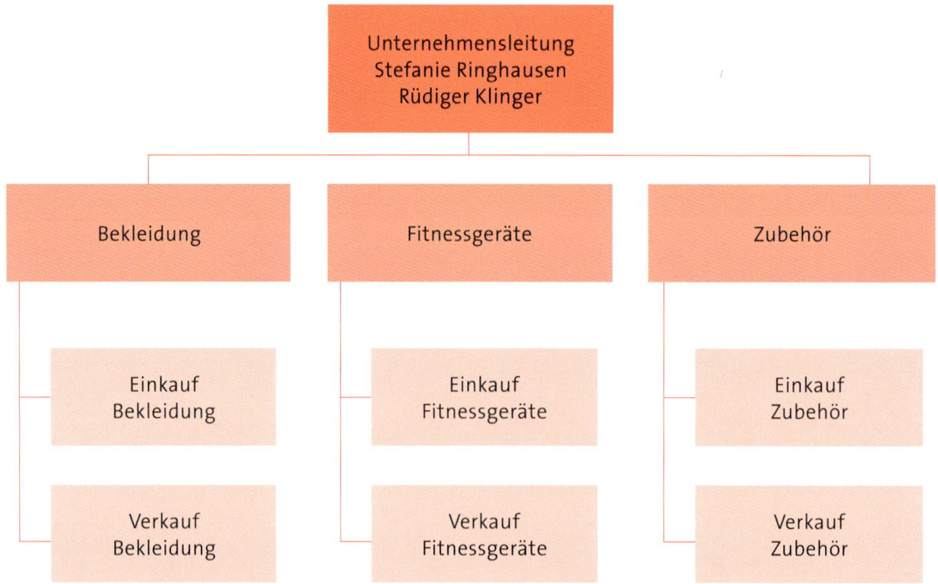

Organigramm 4
Vorschlag 2 zur Umgestaltung des Einkaufs- und Verkaufsbereichs

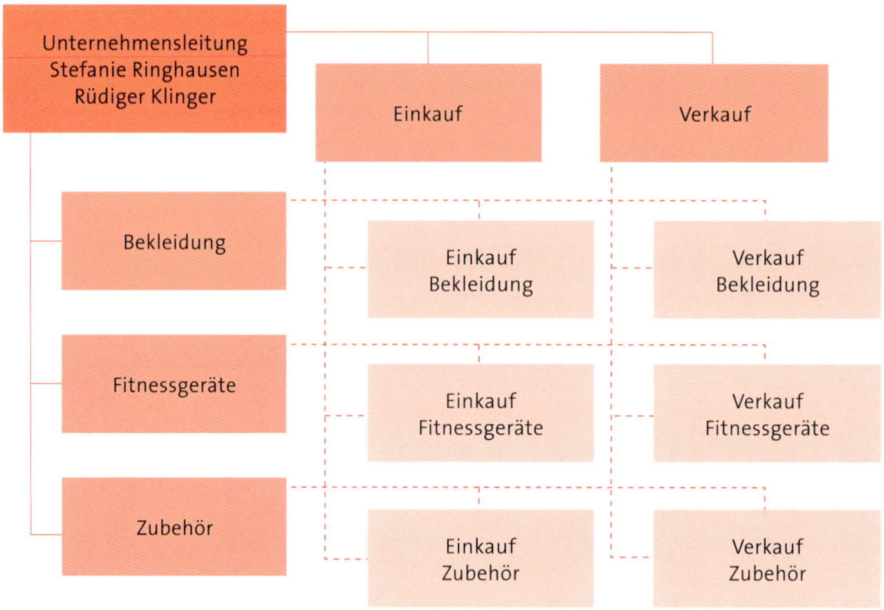

a) Informieren Sie sich über die verschiedenen Leitungssysteme und ordnen Sie die oben dargestellten Organigramme der passenden Grundform zu.

b) Bewerten Sie die Grundformen „Sektoralorganisation“, „Funktionalorganisation“, „Spartenorganisation“ und „Matrixorganisation“, indem Sie jeweils die Vor- und Nachteile sammeln.

Arbeitsblatt 7

Haben Sie folgende Kompetenzen in dieser Lernsituation erworben?	👍	👌	✊	👎
Ich kann ...				
die Aufbauorganisation eines Unternehmens als Organigramm darstellen.				
die Prozessschritte zur Entwicklung einer Aufbauorganisation beschreiben.				
die Vorgehensweise bei der Aufgabenanalyse erläutern und einen Aufgabengliederungsplan erstellen.				
die Prinzipien „Zentralisation“ und „Dezentralisation“ in Bezug auf die Stellenbildung unterscheiden und mithilfe von Vor- und Nachteilen bewerten.				
ein angemessenes Prinzip zur Stellenbildung situations- und zielorientiert auswählen.				
die betriebliche Hierarchie sowie die Aufgaben der einzelnen Leitungsebenen erläutern.				
mögliche Konflikte und Probleme innerhalb der betrieblichen Hierarchie benennen.				
die Grundformen für Leitungssysteme „Sektoralorganisation“, „Funktionalorganisation“, „Spartenorganisation“ und „Matrixorganisation“ unterscheiden sowie mithilfe von Vor- und Nachteilen bewerten.				

Reflexion des Lernerfolgs:

Stellen Sie sich am Ende dieser Lerneinheit folgende Fragen:

Was waren die Inhalte der Lerneinheit? Was ist mir gelungen/was nicht? Warum ist es mir gelungen/nicht gelungen? Welche Methoden/Vorgehensweisen haben mir besonders gut gefallen?

....

....

....

....

....

....

....

....

....

....

....

....

....

....

....

....

....

Lernsituation 3: Aufgaben der Prozessorganisation

Infoband 3, LF 11, Kap. 3. bis 6.

Folgende Kompetenzen können Sie in dieser Lernsituation erwerben:				
Ich kann ...				
die Eigenschaften von Geschäftsprozessen beschreiben.				
Kernprozesse und Unterstützungsprozesse in einem Unternehmen unterscheiden.				
die Ziele und Aufgaben der Prozessorganisation erläutern und geeignete Maßnahmen planen.				
die Methoden der Ist-Aufnahme „Fragebogenmethode“, „Interviewmethode“, „Dauerbeobachtungsmethode“, „Multimomentmethode“, „Tätigkeitsbericht“ und „Tagesbericht“ anhand von Kriterien vergleichen und bezogen auf eine konkrete Problemsituation eine angemessene Methode auswählen.				
einen Geschäftsprozess als Aktivitätsdiagramm darstellen.				
einen Geschäftsprozess in ein Arbeitsablaufdiagramm übertragen.				
einen Geschäftsprozess durch eine erweiterte Ereignisgesteuerte Prozesskette (eEPK) abbilden.				
die Methoden „Benchmarking“ und „Schwachstellenanalyse“ zur Optimierung von Geschäftsprozessen anhand von Vor- und Nachteilen bewerten.				
zielorientierte Vorschläge zur Optimierung von Geschäftsprozessen entwickeln.				
die Vor- und Nachteile sowie die Voraussetzungen der Einführungsmethoden „Direkteinführung“, „Paralleleinführung“, „Probeeinführung“ und „Stufeneinführung“ erläutern.				
konkrete Maßnahmen zur Einführung von neuen Geschäftsprozessen festlegen.				

Einige Tage nach Ihrem Ausflug in die Kölner Filiale ruft Frau Kreuz, die Leiterin der Organisationsabteilung, Sie zusammen mit Ihrem Kollegen Herrn Kronenburg in ihr Büro:

„Nachdem Sie Frau Richter bei der Lösung ihrer Schwierigkeiten in Bezug auf die Aufbauorganisation so schnell und erfolgreich unterstützt haben, dürfen Sie sich nun mit dem Bereich der Prozessorganisation und der steigenden Anzahl von verspäteten bzw. fehlerhaften Warenlieferungen auseinandersetzen. Bitte analysieren Sie die entsprechenden Geschäftsprozesse und entwickeln Sie anschließend auf Basis Ihrer Ergebnisse einen Vorschlag, wie die aktuellen Probleme in Zukunft vermieden werden können.“

Lernjob 1 Grundlagen der Prozessorganisation kennenlernen

Auf dem Weg zurück zu Ihrem Arbeitsplatz unterhalten Sie sich mit Herrn Kronenburg über Ihre neue Aufgabe. Eine Frage ist Ihnen dabei besonders wichtig:

„Was versteht man denn eigentlich unter Prozessorganisation und was hat das Ganze mit den Problemen bei den Warenlieferungen zu tun?"

a) Informieren Sie sich über die Eigenschaften von Geschäftsprozessen und entscheiden Sie, ob der Geschäftsprozess „Warenlieferung" der Kategorie „Kernprozesse" oder der Kategorie „Unterstützungsprozesse" zuzuordnen ist. Begründen Sie Ihre Entscheidung.

b) Überlegen Sie, welche konkreten Aufgaben zur Optimierung des Geschäftsprozesses „Warenlieferung" im Rahmen der Prozessorganisation durchgeführt werden müssen. Orientieren Sie sich dabei an den Teilschritten „Prozessanalyse", „Prozessplanung", „Prozessgestaltung", „Prozesseinführung" und „Prozesscontrolling".

Arbeitsblatt 8

Lernjob 2 Methoden der Ist-Aufnahme auswählen

Als Sie aus Ihrer Mittagspause an Ihren Schreibtisch zurückkehren, durchsucht Herr Kronenburg gerade mehrere Aktenordner. Anschließend setzt er sich an seinen Computer und recherchiert im Intranet der Sportina AG weiter. Irgendwann gibt er seufzend auf:

„Ich kann keine einzige Prozessbeschreibung für die Durchführung von Warenlieferungen finden. Vermutlich hat sich bisher einfach noch niemand die Mühe gemacht, die dafür notwendigen Arbeitsschritte zu erfassen und zu dokumentieren."

a) Vergleichen Sie die nachfolgenden Methoden der Ist-Aufnahme hinsichtlich des benötigten Zeitaufwands bzw. der entstehenden Kosten, der Qualität der erhobenen Daten sowie der Auswirkungen auf die beteiligten Mitarbeiter

Arbeitsblatt 9

- Fragebogenmethode
- Interviewmethode
- Dauerbeobachtungsmethode
- Multimomentmethode
- Tätigkeitsbericht
- Tagesbericht.

Lernsituationen 2, LF 5, LS 2

b) Wählen Sie eine passende Methode für die Ist-Aufnahme im Rahmen der Ausgangssituation aus und begründen Sie Ihre Wahl.

Lernjob 3 Geschäftsprozesse darstellen

Um einen ersten Einblick in die Arbeitsabläufe des Geschäftsprozesses „Warenlieferung" zu erhalten, wurden die beteiligten Mitarbeiter gebeten, Tätigkeitsberichte zu schreiben.

Zusammen mit Herrn Kronenburg arbeiten Sie sich nun durch die fertigen Berichte und versuchen sich ein Bild von den darin enthaltenen Tätigkeiten zu machen. Leider unterscheiden sich die Beschreibungen in Bezug auf Formulierung und Detailgrad deutlich. Dies gilt auch für den Tätigkeitsbericht eines Mitarbeiters aus der Versandabteilung, den Sie gerade in den Händen halten:

Sobald wir aus der Vertriebsabteilung einen neuen Auftrag für eine Warenlieferung erhalten, suche ich mir als erstes die Daten zu der passenden Bestellung aus unserem Warenwirtschaftssystem heraus. Anschließend prüfe ich, ob die bestellten Waren auch im Lager vorrätig sind. Ist dies nicht der Fall, informiere ich die Einkaufsabteilung über die fehlenden Artikel, damit sie diese bei unseren Lieferanten bestellen können. Den Lieferauftrag lege ich bis zum Wareneingang auf Wiedervorlage.

Wenn schließlich alle Waren für die Lieferung bereit stehen, erstelle ich die Lieferpapiere mithilfe von vorbereiteten Formularvordrucken und leite diese an das Lager weiter, damit die Mitarbeiter dort die Artikel verpacken und versandfertig machen. Danach überprüfe ich die Kapazitäten unseres Fuhrparks. Wenn einer unserer Transporter frei ist, übergebe ich dem Fahrer die Papiere und er liefert die Ware dann an den Kunden. Steht kein eigenes Fahrzeug zur Verfügung, beauftrage ich eine Spedition, die die Ware inklusive Lieferpapiere bei uns abholt und zur Lieferadresse transportiert. Sobald ich nach der Übergabe an den Kunden die Kopie des unterschriebenen Lieferscheins zurück bekommen habe, archiviere ich das Dokument und die Warenlieferung ist abgeschlossen.

a) Stellen Sie den beschriebenen Geschäftsprozess der Warenlieferung als Aktivitätsdiagramm dar.

b) Übertragen Sie den Prozess der Warenlieferung in ein Arbeitsablaufdiagramm und verbinden Sie die einzelnen Tätigkeiten mithilfe von Pfeilen. Erstellen Sie auf Basis Ihrer Ergebnisse zusätzlich ein stellenorientiertes Arbeitsablaufdiagramm.

c) Bilden Sie den Geschäftsprozess der Warenlieferung durch eine erweiterte Ereignisgesteuerte Prozesskette ab.

Lernjob 4 Geschäftsprozesse analysieren und optimieren

Zufrieden betrachten Sie die verschiedenen Prozessbeschreibungen und Diagramme, die Sie in den letzten Tagen auf Basis der Tätigkeitsberichte erstellt haben. Jetzt müssen Sie nur noch herausfinden, warum in den letzten Monaten vermehrt Warenlieferungen zu spät oder unvollständig durchgeführt worden sind und wie dies in Zukunft vermieden werden kann.

a) Bewerten Sie die Analysemethoden „Benchmarking“ und „Schwachstellenanalyse“, in dem Sie jeweils deren Vor- und Nachteile aufzeigen.

Arbeitsblatt 10

b) Analysieren Sie den Geschäftsprozess der Warenlieferung anhand der Ergebnisse des vorangegangenen Lernjobs und entwickeln Sie konkrete Vorschläge zur Optimierung der Arbeitsabläufe.

Lernjob 5 Geschäftsprozesse einführen

Im Rahmen einer Besprechung stellen Sie gemeinsam mit Herrn Kronenburg Ihre Ideen zur Optimierung des Geschäftsprozesses „Warenlieferung“ der Leiterin der Organisationsabteilung Frau Kreuz vor. Ihre Präsentation überzeugt Ihre Vorgesetzte und Sie erhalten von ihr den Auftrag, die Einführung der vorgeschlagenen Prozessveränderungen möglichst kurzfristig zu planen und durchzuführen.

Als Sie den Besprechungsraum verlassen, sprechen Sie Ihren Kollegen Herrn Kronenburg auf die anstehende Prozesseinführung an:

„Ich würde vorschlagen, wir schicken einfach allen betroffenen Mitarbeitern eine E-Mail, in der wir die Änderungen am Geschäftsprozess detailliert beschreiben.“

a) Vergleichen Sie die folgenden Einführungsmethoden, indem Sie jeweils die Vorteile, die Nachteile sowie die Voraussetzungen der einzelnen Vorgehensweisen erläutern:

- Direkteinführung
- Paralleleinführung
- Probeeinführung
- Stufeneinführung.

Arbeitsblatt 11

b) Planen Sie konkrete Maßnahmen zur Umsetzung des neuen Geschäftsprozesses und orientieren Sie sich dabei an den Einführungsphasen

- Einführungsplanung
- Prozesspräsentation
- Mittelbereitstellung
- Schulung und Information
- Prozessanlauf
- Prozesskontrolle
- Prozessdokumentation.

Arbeitsblatt 12

Haben Sie folgende Kompetenzen in dieser Lernsituation erworben?				
Ich kann ...				
die Eigenschaften von Geschäftsprozessen beschreiben.				
Kernprozesse und Unterstützungsprozesse in einem Unternehmen unterscheiden.				
die Ziele und Aufgaben der Prozessorganisation erläutern und geeignete Maßnahmen planen.				
die Methoden der Ist-Aufnahme „Fragebogenmethode“, „Interviewmethode“, „Dauerbeobachtungsmethode“, „Multimomentmethode“, „Tätigkeitsbericht“ und „Tagesbericht“ anhand von Kriterien vergleichen und bezogen auf eine konkrete Problemsituation eine angemessene Methode auswählen.				
einen Geschäftsprozess als Aktivitätsdiagramm darstellen.				
einen Geschäftsprozess in ein Arbeitsablaufdiagramm übertragen.				
einen Geschäftsprozess durch eine erweiterte Ereignisgesteuerte Prozesskette (eEPK) abbilden.				
die Methoden „Benchmarking“ und „Schwachstellenanalyse“ zur Optimierung von Geschäftsprozessen anhand von Vor- und Nachteilen bewerten.				
zielorientierte Vorschläge zur Optimierung von Geschäftsprozessen entwickeln.				
die Vor- und Nachteile sowie die Voraussetzungen der Einführungsmethoden „Direkteinführung“, „Paralleleinführung“, „Probeeinführung“ und „Stufeneinführung“ erläutern.				
konkrete Maßnahmen zur Einführung von neuen Geschäftsprozessen festlegen.				

Reflexion des Lernerfolgs:

Stellen Sie sich am Ende dieser Lerneinheit folgende Fragen:

Was waren die Inhalte der Lerneinheit? Was ist mir gelungen/was nicht? Warum ist es mir gelungen/nicht gelungen? Welche Methoden/Vorgehensweisen haben mir besonders gut gefallen?

....

....

....

....

....

Lernsituation 4: Prozesscontrolling und Qualitätsmanagement

Infoband 3, LF 11, Kap. 7. und 8.

Folgende Kompetenzen können Sie in dieser Lernsituation erwerben:				
Ich kann ...				
die Ziele und Aufgaben des Prozesscontrolling erläutern.				
Maßnahmen für das Controlling eines Geschäftsprozesses beschreiben.				
die Ziele und Aufgaben des Qualitätsmanagement erklären.				
die Rolle des Qualitätsmanagement in Bezug auf die Prozessorganisation einordnen.				

Geschafft! Sie haben zusammen mit Ihrem Kollegen Herrn Kronenburg die letzten Aufgaben im Rahmen der Einführung des neuen Geschäftsprozesses „Warenlieferung" abgeschlossen. Alle beteiligten Mitarbeiter haben an den Schulungen bezüglich der optimierten Arbeitsabläufe teilgenommen und sind nun hoffentlich in der Lage sowie motiviert, die geplanten Prozessänderungen in die Tat umzusetzen.

Lernjob 1 Maßnahmen für das Prozesscontrolling planen

Einige Tage später erfahren Sie zufällig von einem Mitarbeiter aus der Versandabteilung, dass wieder eine Warenlieferung verspätet beim Kunden eingetroffen ist. Beunruhigt sprechen Sie Herrn Kronenburg darauf an:

„Unsere Optimierungsvorschläge haben scheinbar nicht funktioniert. War unsere ganze Mühe etwa umsonst?"

Informieren Sie sich über die Ziele und Aufgaben des Prozesscontrolling und beschreiben Sie mögliche Controllingmaßnahmen, um den Erfolg des neuen, optimierten Geschäftsprozesses „Warenlieferung" dauerhaft sicherzustellen. Orientieren Sie sich dabei an den folgenden Aufgabengebieten des Prozesscontrolling:

Arbeitsblatt 13

- Prozessplanung
- Prozesskontrolle
- Prozesssteuerung
- Prozessinformation.

Lernjob 2 Ziele und Aufgaben des Qualitätsmanagement kennenlernen

Als Sie von einer Besprechung zurückkommen, finden Sie die folgende E-Mail von Herrn Kronenburg in Ihrem Posteingang vor:

> Guten Morgen,
>
> Frau Zumwinkel, unsere Qualitätsmanagerin, hat noch ein paar Rückfragen und Anmerkungen zu unseren Veränderungen am Geschäftsprozess „Warenlieferung". Daher hat sie uns beide heute um 14:00 Uhr zu einer kurzen Besprechung in ihrem Büro im 3. Stock eingeladen.
>
> Viele Grüße,
>
> Linus Kronenburg

Obwohl Sie die Nachricht mehrmals hintereinander lesen, sind Sie ratlos: *„Wer ist eigentlich diese Frau Zumwinkel und was hat sie mit der Änderung an dem Geschäftsprozess zu tun?"*

Informieren Sie sich über die Ziele und Aufgaben des Qualitätsmanagement in einem Unternehmen und erläutern Sie, welche Rolle das Qualitätsmanagement bei der Optimierung des Geschäftsprozesses „Warenlieferung" spielt. Gehen Sie dabei insbesondere auf die folgenden Aufgabenbereiche ein:

- Qualitätsplanung
- Qualitätslenkung
- Qualitätssicherung
- Qualitätsverbesserung.

Arbeitsblatt 14

Haben Sie folgende Kompetenzen in dieser Lernsituation erworben?				
Ich kann ...				
die Ziele und Aufgaben des Prozesscontrolling erläutern.				
Maßnahmen für das Controlling eines Geschäftsprozesses beschreiben.				
die Ziele und Aufgaben des Qualitätsmanagement erklären.				
die Rolle des Qualitätsmanagement in Bezug auf die Prozessorganisation einordnen.				

Reflexion des Lernerfolgs:

Stellen Sie sich am Ende dieser Lerneinheit folgende Fragen:

Was waren die Inhalte der Lerneinheit? Was ist mir gelungen/was nicht? Warum ist es mir gelungen/nicht gelungen? Welche Methoden/Vorgehensweisen haben mir besonders gut gefallen?

....

....

....

....

....

....

Arbeitsblatt 1

Kategorie	Vorteile
generelle Regelungen	
fallweise Regelungen	
spontane Regelungen	

Arbeitsblatt 2

Grundsatz	Mögliche Folgen bei Nichteinhaltung
Zweckmäßigkeit	
Wirtschaftlichkeit	
Klarheit	
organisatorisches Gleichgewicht	

Arbeitsblatt 3

Dokument	Aufbauorganisation bzw. Ablauforganisation
Stellenbeschreibung „Mitarbeiter/in im Backoffice“	
Plan vom Großraumbüro der Vertriebsabteilung inklusive Schreibtischzuordnungen	
Informationsmappe für neue Mitarbeiter mit den wichtigsten Regelungen zu den Themen „Arbeits- und Pausenzeiten“, „Arbeitsschutz“, „Krankheitsfall“ und „Dienstreisen“	
Organigramm der Sportina AG	
detaillierter Projektplan für die Einrichtung und Eröffnung der neuen Filiale der Sportina AG in Köln inklusive der dafür durchzuführenden Tätigkeiten	
Liste mit den Mitarbeitern in der Abteilung „Organisation“	

Arbeitsblatt 4

Aufgabe der Organisationsabteilung	Beitrag zur Lösung des Problems bezüglich der steigenden Anzahl verspäteter bzw. fehlerhafter Lieferungen
Organisationsanalyse	
Organisationsplanung	
Organisationsgestaltung	
Organisationseinführung	

Arbeitsblatt 5

Gesamtaufgabe der Filiale	Hauptaufgaben	Teilaufgaben	Einzelaufgaben

Arbeitsblatt 6

	Zentralisation	Dezentralisation
Vorteile		
Probleme		

Arbeitsblatt 7

Leitungssystem	Vorteile	Nachteile
Sektoralorganisation		
Funktionalorganisation		
Spartenorganisation		
Matrixorganisation		

Arbeitsblatt 8

Teilschritt der Prozessorganisation	Konkrete Aufgaben zur Optimierung des Geschäftsprozesses „Warenlieferung“
Prozessanalyse	
Prozessplanung	
Prozessgestaltung	
Prozesseinführung	
Prozesscontrolling	

Arbeitsblatt 9

	Benötigter Zeitaufwand und entstehende Kosten	Qualität der erhobenen Daten	Auswirkungen auf die beteiligten Mitarbeiter
Fragebogen-methode			
Interviewmethode			
Dauerbeobachtungs-methode			
Multimoment-methode			
Tätigkeitsbericht			
Tagesbericht			

Arbeitsblatt 10

	Vorteile	Nachteile
Benchmarking		
Schwachstellenanalyse		

Arbeitsblatt 11

Einführungsmethode	Vorteile	Nachteile	Voraussetzungen
Direkteinführung			
Paralleleinführung			
Probeeinführung			
Stufeneinführung			

Arbeitsblatt 12

Einführungsphase	Konkrete Maßnahmen
Einführungsplanung	
Prozesspräsentation	
Mittelbereitstellung	
Schulung und Information	
Prozessanlauf	
Prozesskontrolle	
Prozessdokumentation	

Arbeitsblatt 13

Aufgabengebiet des Prozesscontrolling	Konkrete Maßnahmen für den neuen Geschäftsprozess „Warenlieferung“
Prozessplanung	
Prozesskontrolle	
Prozesssteuerung	
Prozessinformation	

Arbeitsblatt 14

Aufgabenbereich	Auswirkungen auf den Geschäftsprozess „Warenlieferung“
Qualitätsplanung	
Qualitätslenkung	
Qualitätssicherung	
Qualitätsverbesserung	

Lernfeld 12 Veranstaltungen und Geschäftsreisen organisieren

Im Büroalltag fallen viele Aufgaben an, die parallel erledigt werden müssen. Diese Abläufe zu organisieren und dabei immer den Überblick zu bewahren, stellt für Sie als Auszubildende/r eine große Herausforderung dar.

Neben den allgemeinen administrativen Aufgaben gehört es zu Ihrem Aufgabengebiet, Veranstaltungen, Meetings und Geschäftsreisen eigenverantwortlich und effizient zu planen, mitzugestalten und zu dokumentieren.

MEDIEN

Sofern zur Lösung der einzelnen Lernsituationen und deren Lernjobs Arbeitsblätter verwendet werden, sind diese am Ende des Lernfelds abgedruckt. Darüber hinaus stehen sie in Kiehl DIGITAL zum kostenfreien Download bereit.

Lernsituation 1: Grundlagen des Veranstaltungsmanagement

Infoband 3, LF 12, Kap. 1. ff.

Folgende Kompetenzen können Sie in dieser Lernsituation erwerben:	👍	👌	🤏	👎
Ich kann ...				
den Begriff „Veranstaltungen" definieren.				
die unterschiedlichen Veranstaltungskategorien und ihre vier Phasen nennen.				
die Handlungsfelder von nachhaltigem Veranstaltungsmanagement aufführen.				
die Zielsetzung von Veranstaltungen erklären.				
die quantitativen und qualitativen Ziele nach ihren Merkmalen unterscheiden.				
eine Zielsetzung exemplarisch formulieren.				
die Planungsfragen einer Veranstaltung darlegen.				
die verschiedenen Veranstaltungsarten vergleichen.				
die Begriffe „Veranstaltung" und „Event" charakterisieren.				

In Ihrer jetzigen Ausbildungsphase sind Sie in der Abteilung Marketing und Öffentlichkeitsarbeit eingesetzt, wo zukünftig auch Veranstaltungen geplant werden. Esther Lomb, die als Event-Managerin begonnen hat, soll eine Konzeption zum firmeninternen Veranstaltungsmanagement entwickeln. Sie unterstützen sie bei der Umsetzung dieser interessanten Aufgabe.

Sie stellen mit der Event-Managerin gemeinsam Überlegungen an, in welcher Form ein solches Konzept dargestellt werden soll. Nach Abwägen verschiedener Darstellungsvarianten fällt die Wahl auf eine Präsentation, die als Leitfaden für zukünftige Veranstaltungen dienen soll.

Lernjob 1 Grundlagen des Veranstaltungsmanagement kennenlernen

Zunächst prüfen Sie, wie Sie die Präsentation ansprechend darstellen können. Sie entscheiden sich für ein neutrales Layout mit den Farben des Unternehmenslogos. Die folgenden Folien enthalten ebenfalls das Logo und werden fortlaufend nummeriert.

a) Entwickeln Sie eine attraktive Titelfolie, auf der Sie die Definition von Veranstaltungen mit visuellen Elementen abbilden.

b) Die verschiedenen Kategorien und die vier Phasen von Veranstaltungen stellen Sie auf einer weiteren Folie grafisch dar.

c) Da der ökologische Gedanke ein wesentlicher Aspekt bei der Veranstaltungskonzeption ist, beschreiben Sie kurz, was sich hinter diesem Gedanken im Hinblick auf das Thema Veranstaltungen verbirgt. Darüber hinaus führen Sie in der Präsentation die Handlungsfelder auf, an denen sich nachhaltiges Veranstaltungsmanagement orientiert. Als Überschrift wählen Sie einen einprägsamen Titel.

Lernjob 2 Veranstaltungen zielorientiert konzipieren

Bei Ihrer Recherche stoßen Sie immer wieder auf die Aussage, dass Veranstaltungen eine Zielsetzung haben sollten, damit sie erfolgreich stattfinden. Mit dem Thema „Ziele setzen und verwirklichen" haben Sie sich bereits zu Beginn Ihrer Ausbildung im Lernfeld 1 auseinander gesetzt und kennen sich daher schon aus. Sie bitten Frau Lomb, diesen Bereich alleine ausarbeiten zu dürfen. Sie eröffnen das Thema mit einer passenden Überschrift in der Präsentation. Das bisher verwendete Layout führen Sie weiter.

a) Sie erläutern schriftlich die Zielsetzung von Veranstaltungen und vergleichen die Merkmale von quantitativen und qualitativen Zielen einer Veranstaltung. Sie machen den Unterschied an einem Beispiel deutlich. Achten Sie hier auf eine visualisierte Darstellung.

b) Mithilfe der SMART-Kriterien formulieren Sie die Zielsetzung zur Konzeption des firmeninternen Veranstaltungsmanagement.

Lernjob 3 Veranstaltungsarten unterscheiden und vergleichen

Wenn in Ihrem Ausbildungsunternehmen von Meetings gesprochen wird, meinen die einen Besprechungen, die anderen Sitzungen. Da Ihnen die Unterschiede dieser beiden Treffen nicht klar sind, vergleichen Sie die bekanntesten Veranstaltungsarten und dokumentieren dies in der Präsentation.

a) Sie wissen, dass die verschiedenen Veranstaltungen in der Vorbereitung und Durchführung ähnlich sind und sorgfältig geplant werden müssen. Dazu listen Sie die Fragen auf, die vor der Planung geklärt sein müssen.

b) Vergleichen Sie die gängigen Veranstaltungsarten und führen die jeweilige Anforderung und Zielsetzung auf.

c) Erläutern Sie, worin sich eine Veranstaltung von einem Event unterscheidet.

Arbeitsblatt 1

Haben Sie folgende Kompetenzen in dieser Lernsituation erworben?				
Ich kann …				
den Begriff „Veranstaltungen“ definieren.				
die unterschiedlichen Veranstaltungskategorien und ihre vier Phasen nennen.				
die Handlungsfelder von nachhaltigem Veranstaltungsmanagement aufführen.				
die Zielsetzung von Veranstaltungen erklären.				
die quantitativen und qualitativen Ziele nach ihren Merkmalen unterscheiden.				
eine Zielsetzung exemplarisch formulieren.				
die Planungsfragen einer Veranstaltung darlegen.				
die verschiedenen Veranstaltungsarten vergleichen.				
die Begriffe „Veranstaltung“ und „Event“ charakterisieren.				

Reflexion des Lernerfolgs:

Stellen Sie sich am Ende dieser Lerneinheit folgende Fragen:

Was waren die Inhalte der Lerneinheit? Was ist mir gelungen/was nicht? Warum ist es mir gelungen/nicht gelungen? Welche Methoden/Vorgehensweisen haben mir besonders gut gefallen?

Lernsituation 2: Eine interne Sitzung vorbereiten, durchführen und nachbereiten

Infoband 3, LF 12, Kap. 2. ff.

Folgende Kompetenzen können Sie in dieser Lernsituation erwerben:	👍	👌	✋	👎
Ich kann …				
die Zielsetzung für eine Veranstaltung formulieren.				
einen Zeit- und Arbeitsplan entsprechend der Veranstaltung strukturieren.				
die anfallenden Tätigkeiten für eine interne Sitzung selbstständig durchführen.				
den Veranstaltungsraum für die Veranstaltung vorbereiten.				
die Gäste bei einer internen Sitzung formgemäß begrüßen.				
die Engpässe und Schwierigkeiten bei Sitzungen erkennen und beheben.				
den Abschluss einer Sitzung selbstständig erledigen.				
das Protokoll einer internen Sitzung eigenständig verfassen.				
die Zielsetzung einer Veranstaltung überprüfen.				

Sie haben gemeinsam mit der Event-Managerin Esther Lomb die Konzeption ausgearbeitet und in der Präsentation zusammengefasst. Frau Lomb will dieses Konzept im Rahmen einer internen Sitzung den Vorstandsmitgliedern und Abteilungsleitern vorstellen.

Die Event-Managerin ist von Ihrem Engagement bei der Erstellung des Konzepts begeistert und will Sie auch in die Vorbereitung und Durchführung der Sitzung einbinden. Die vorbereitenden Aufgaben und die Unterstützung bei der Durchführung überträgt Sie Ihnen.

Lernjob 1 Organisationsmittel für Veranstaltungen erstellen

Sie freuen sich über diese Herausforderung. Zunächst bittet Esther Lomb Sie, alle Maßnahmen, die zur Vorbereitung dieser Sitzung notwendig sind, aufzulisten.

a) Als ersten Schritt formulieren Sie die Zielsetzung dieser Veranstaltung.

b) Um auf keinen Fall etwas zu vergessen, entwickeln Sie einen Zeit- und Arbeitsplan, in dem Sie die zu erledigenden Tätigkeiten und eingebundenen Personen aufführen.

   Achten Sie darauf, dass Sie die Aufgaben nach Prioritäten anordnen und Puffer für Engpässe und Unvorhergesehenes einplanen. Orientieren Sie sich zur Prioritätensetzung an einer Zeitmanagementmethode.

c) Nicht nur für die Veranstaltungsorganisation gewährleisten Checklisten eine sichere Planung, sondern auch für die Durchführung und Nachbereitung von Veranstaltungen. Entwerfen Sie einen Vordruck oder ein Formular für eine Checkliste, die dann individuell an die entsprechende Veranstaltungsphase angepasst werden kann.

Lernjob 2 Die interne Sitzung vorbereiten

Für die bevorstehende Sitzung legt Ihnen Frau Lomb folgende Informationen vor:

Termin: erster Freitag im Monat um 11:30 Uhr
Dauer: ca. 2 Stunden
Teilnehmer: Frau Stefanie Ringhausen, Vorstandsmitglied
Herr Rüdiger Klinger, Vorstandsmitglied
Frau Martina Krüger, Leitung Verkauf
Herr Stefan Vollmers, Leitung Marketing
Frau Andrea Richter, Filialleitung Köln
Herr Stefan Fichte, Leitung Einkauf
Frau Anke Kreuz, Leitung Organisation
Herr Mario Daube, Leitung Personal
Herr Dr. Frank Aschenbrenner, Rechtsabteilung
Tagesordnung: Vorstellung der Konzeption „Veranstaltungsmanagement"
Fragerunde und Diskussion
Beschlussfassung

Das Protokoll führen Sie.

Alle Teilnehmer erhalten die ausgearbeitete Konzeption als Sitzungsunterlage.

Auf Basis dieser Informationen formulieren Sie die Einladung. Zur Genehmigung legen Sie diese Frau Lomb vor.

Lernjob 3 Den Veranstaltungsraum kontrollieren

Kurz vor dem Veranstaltungstermin sind Sie etwas angespannt, da Sie zuvor noch nie eine solche Aufgabe durchgeführt haben.

Entwerfen Sie eine Checkliste, mit der Sie systematisch vor Sitzungsbeginn die Gestaltung des Veranstaltungsraums überprüfen.

Lernjob 4 Eine interne Sitzung begleiten und durchführen

Endlich ist es soweit. Esther Lomb und Sie erwarten die Teilnehmer im Veranstaltungsraum.

a) Beschreiben Sie kurz, wie Sie sich bei der Begrüßung verhalten.
b) Führen Sie auf, was Ihre Aufgaben neben der Protokollführung sind.
c) Erläutern Sie, wie Sie sich in folgenden Situationen verhalten:
   - Die Präsentation ist nicht gut sichtbar, weil der Veranstaltungsraum zu hell ist.
   - Herr Daube hat unangemeldet die Ausbildungsleiterin Marion von Seebach mitgebracht.
   - Ein Teilnehmer verschüttet seinen Kaffee.
d) Schildern Sie, welche Schritte im Anschluss an die Veranstaltung erledigt werden müssen.

Lernjob 5 Eine interne Sitzung nachbereiten

Bis auf kleine Abweichungen ist die Sitzung nach Plan verlaufen. Etwas erschöpft überlegen Sie, was nun zu tun ist.

a) Für das zu erstellende Protokoll haben Sie folgende Inhalte festgehalten:
   - Esther Lomb begrüßt die Anwesenden und eröffnet die Sitzung.
   - In einer PowerPoint-Präsentation stellt Sie die wesentlichen Aspekte der Konzeption zum internen Veranstaltungsmanagement vor.
   - Sie weist auf wichtige Punkte wie „Make or Buy", „Zeit- und Arbeitspläne" und Checklisten hin.

- Es wird intensiv diskutiert, ob man sich auf einen bestimmten Caterer festlegen sollte, um besondere Konditionen zu erhalten.
- Ein weiterer Diskussionspunkt ist die Frage, größere Veranstaltungen grundsätzlich extern durchzuführen, um Personalressourcen zu schonen.
- Als Gegenargument wird aufgeführt, dass Personalressourcen vermindert werden, wenn Veranstaltungsabläufe prozessorientiert stattfinden.
- Weitere Gesprächsinhalte sind das Layout von Veranstaltungsunterlagen (Einladung, Programm, Tagesordnung usw.). Diese sollten professionell auf hochwertigem Papier und in einem exzellenten Druck erfolgen. Dies fördert die Außenwirkung einer Veranstaltung.
- Marion von Seebach fragt, ob das Teamtraining der Auszubildenden auch in den Bereich des internen Event-Management fällt.
- Stefan Vollmers und Esther Lomb sehen kein Problem, das jährliche Teamtraining zu organisieren.
- Die Teilnehmer sind insgesamt sehr überzeugt von dem Konzept.
- Als Beschluss wird festgehalten, dass das Konzept bei zukünftigen Veranstaltungen eingesetzt wird und im Intranet für alle Mitarbeiter als Leitfaden zur Verfügung steht. Der geplanten „Tag der offenen Tür" in der neuen Einzelhandelsfiliale in Bochum, soll nach diesem Konzept geplant und durchgeführt werden.
- Ein Caterer, der für alle Veranstaltungen einsetzbar ist, wird über verschiedene Angebotsvergleiche bestimmt. Frau Lomb legt in spätestens sechs Wochen verschiedene Angebote vor, wobei auch qualitative Aspekte bei der Auswahl wesentlich sind.
- Darüber hinaus wünscht die Geschäftsleitung von Frau Lomb Vorschläge für ein attraktives Layout und die Papierqualität.
- Das jährliche Teamtraining der Auszubildenden wird ebenfalls vom Event-Management vorbereitet und durchgeführt.

b) Führen Sie auf, welcher Personenkreis das Protokoll erhält und welche Inhaltspunkte besonders zu beachten sind.

c) Esther Lomb prüft mit Ihnen gemeinsam, ob das gesetzte Ziel der Veranstaltung erreicht wurde. Begründen Sie Ihre Erkenntnisse.

Haben Sie folgende Kompetenzen in dieser Lernsituation erworben?				
Ich kann …				
die Zielsetzung für eine Veranstaltung formulieren.				
einen Zeit- und Arbeitsplan entsprechend der Veranstaltung strukturieren.				
die anfallenden Tätigkeiten für eine interne Sitzung selbstständig durchführen.				
den Veranstaltungsraum für die Veranstaltung vorbereiten.				
die Gäste bei einer internen Sitzung formgemäß begrüßen.				
die Engpässe und Schwierigkeiten bei Sitzungen erkennen und beheben.				
den Abschluss einer Sitzung selbstständig erledigen.				
das Protokoll einer internen Sitzung eigenständig verfassen.				
die Zielsetzung einer Veranstaltung überprüfen.				

Reflexion des Lernerfolgs:

Stellen Sie sich am Ende dieser Lerneinheit folgende Fragen:

Was waren die Inhalte der Lerneinheit? Was ist mir gelungen/was nicht? Warum ist es mir gelungen/nicht gelungen? Welche Methoden/Vorgehensweisen haben mir besonders gut gefallen?

Lernsituation 3: Einen Tag der offenen Tür organisieren

Infoband 3, LF 12, Kap. 2. ff.

Folgende Kompetenzen können Sie in dieser Lernsituation erwerben:				
Ich kann ...				
die W-Fragen einer Veranstaltungsvorbereitung aufführen.				
die Zielsetzung und die eventuellen Ausgaben einer Budgetplanung aufzeigen.				
die ethischen und kulturellen Informationen zum Teilnehmerkreis beurteilen.				
die Faktoren zur Terminplanung erörtern.				
die gesetzlichen Regelungen und Behördenerlaubnisse von Veranstaltungen aufzeigen.				
die Notwendigkeit von Versicherungen bei Veranstaltungen prüfen.				
Gebühren und Beiträge für Aufführungs- und Verwertungsrechte bei Veranstaltungen zuordnen.				
die Aspekte einer Make-or-Buy-Entscheidung vergleichen.				
die Dokumentationsform einer Veranstaltungsart zuordnen.				
eine Checkliste für die Vorbereitung, Durchführung und Nachbereitung gestalten.				
die Einladung und das Programm zielgruppenorientiert entwerfen.				
das Kommunikations- und Umgangsverhalten bei Veranstaltungen beurteilen.				
die Kostenabrechnung einer Veranstaltung durchführen und mit der Budgetplanung vergleichen.				
eine Veranstaltung evaluieren.				

Als einer der Wahlqualifikationen in Ihrer Ausbildung zur/zum Kauffrau/Kaufmann für Büromanagement haben Sie sich für das Modul „Öffentlichkeitsarbeit und Veranstaltungsmanagement“ entschieden. Ihre Ausbilderin Marion von Seebach und die Event-Managerin Esther Lomb haben für Sie als betriebliche Fachaufgabe die Planung des Tags der offenen Tür in der neuen Einzelhandelsfiliale festgelegt. Diese Fachaufgabe muss in einem dreiseitigen Report dokumentiert werden.

Sie freuen sich auf diese Herausforderung und beginnen gleich mit den Vorüberlegungen.

Lernjob 1 Den Tag der offenen Tür vorbereiten

Da Sie wissen, wie wichtig eine gründliche Organisation für das Gelingen einer Veranstaltung ist, strukturieren Sie die Planungsdetails sorgfältig in Ihrem Report.

a) Stellen Sie die W-Fragen, die das sogenannte Veranstaltungsprofil klären, in einer Grafik dar.

b) Der Erfolg einer Veranstaltung ist unter anderem von der Teilnehmerzahl abhängig. Daher muss der Termin so geplant werden, dass keine interessantere Veranstaltung an dem geplanten Datum stattfindet. Führen Sie die Punkte auf, die bei der Terminplanung für den Tag der offenen Tür einbezogen werden müssen.

c) Die finanziellen Rahmenbedingungen sind ebenfalls ein wichtiger Gesichtspunkt bei Veranstaltungen. Stellen Sie die Zielsetzung der Budgetplanung und die zu erwartenden Ausgaben dar, die am Tag der offenen Tür anfallen werden. Ihnen wurde für die Planung ein Budget von 5.000 € zur Verfügung gestellt.

Lernjob 2 Den Tag der offenen Tür gestalten

Ihre Planung sieht vor, dass der Tag der offenen Tür an einem Freitagabend um 17:00 Uhr in den neuen Geschäftsräumen der Filiale beginnt. Zu diesem Termin werden wichtige Persönlichkeiten und Geschäftspartner eingeladen. Den Gästen sollen Kanapees oder Fingerfood und alkoholische sowie nichtalkoholische Getränke angeboten werden. Ein Pantomimendarsteller und Livemusik sollen für ein besonderes Ambiente sorgen.

An dem darauffolgenden Samstag lädt die Filiale von 10:00 Uhr bis 18:00 Uhr in die Geschäftsräume zum Tag der offenen Tür für die Laufkundschaft ein. Im Außenbereich der Filiale sollen eine Hüpfburg, Jongleure und ein Zauberer die Kinder und jugendlichen Besucher unterhalten. Eine Jazzband sorgt für die Unterhaltung der erwachsenen Besucher. Für die Gästebewirtung an diesem Tag werden im Außenbereich Rostbratwürste und Steaks gegrillt.

a) Prüfen Sie, ob für die Veranstaltung eine Behördenerlaubnis bzw. Anmeldepflicht besteht und welche Gebühren und Beiträge eventuell für die Künstler anfallen. Begründen Sie Ihr Ergebnis.

b) Überlegen Sie, welche relevanten Informationen über den Teilnehmerkreis benötigt werden, um ethische und kulturelle Besonderheiten bei der Planung zu berücksichtigen. Erörtern Sie auch, in welcher Form Sie die Teilnehmer über die Veranstaltung informieren.

c) Sie diskutieren mit anderen Auszubildenden, ob es sinnvoller ist die Kanapees bzw. das Fingerfood in der Küche der Filiale selbst herzurichten oder einen Caterer zu beauftragen. Das gleiche trifft auch für den Samstag zu. Soll sich ein Mitarbeiter um den Imbissstand kümmern, oder soll auch das Grillen von einem Caterer erledigt werden? Wo bekommt man die Getränke und die Gläser her? Wie sieht es mit dem Personal aus?

- Beschreiben Sie, von welchen Faktoren eine Make-or-Buy-Entscheidung abhängig ist und stellen die jeweiligen Aspekte in einer Tabelle oder einer anderen Darstellungsvariante gegenüber.
- Bewerten Sie, welche Entscheidungsvariante in diesem Fall sinnvoller ist und begründen Sie Ihre Aussage. Berücksichtigen Sie auch den Prozess der Buy-Entscheidung.

d) Als nächsten Punkt erörtern Sie die Dokumentation der Veranstaltung.

- Stellen Sie dar, in welcher Dokumentationsform die Veranstaltung festgehalten werden kann.
- Vergleichen Sie die interne und externe Zielerreichung der Dokumentation.

e) Alle Vorbereitungspunkte und die weiteren Planungsaspekte zum Tag der offenen Tür, wie die Bestuhlung, die benötigte technische Ausstattung, die Organisationsmittel und die Dekoration der Räume halten Sie in einer **Checkliste** fest.

Lernjob 3 Die Einladung und das Programm formulieren

Nachdem der Termin, der Teilnehmerkreis und das Programm festgelegt sind, erstellen Sie die Einladungen und das Programm.

a) Formulieren Sie eine interessante Einladung mit allen relevanten Informationen und eine Antwortkarte.

b) Entwerfen Sie auch für die Samstagveranstaltung ein ansprechendes Programm für die Laufkundschaft.

Lernjob 4 Den Tag der offenen Tür durchführen

Kurz vor Beginn der Veranstaltung prüfen Sie, ob die Räumlichkeiten plangemäß arrangiert wurden.

a) Entwerfen Sie für diese Überprüfung eine Checkliste, mit der Sie die entsprechenden Tätigkeiten für die Räumlichkeiten und den Verlauf der Veranstaltung kontrollieren.

b) Entwickeln Sie einen Vorschlag, wie die Teilnehmer das Veranstaltungspersonal leicht erkennen können.

c) Beschreiben Sie auch, welches Kommunikations- und Umgangsverhalten bei solchen Veranstaltungen wünschenswert ist und wie das Veranstaltungspersonal bei Beschwerden und Kritik reagieren sollte.

Lernjob 5 Den Tag der offenen Tür nachbereiten

Die Veranstaltung ist erfolgreich und ohne große Zwischenfälle verlaufen. Nun geht es an die Nachbereitung der Veranstaltung, die ein wesentlicher Bestandteil des Veranstaltungsmanagement ist.

Auf Ihrem Schreibtisch stapeln sich Papiere und Rechnungen. Sie machen sich an die Arbeit, diese nach Vorgängen zu sortieren. Es ergeben sich folgende Stapel:

- Rechnung vom Caterer
- Rechnungen der Künstler
- Rechnung für das technische Equipment
- Rechnung für Blumen und Dekorationsmaterial
- zurückgeräumtes Prospektmaterial und Informationsunterlagen.

a) Halten Sie die Tätigkeiten, die in der Nachbereitungsphase erledigt werden müssen, wieder in einer Checkliste fest.

b) Was geschieht mit dem Prospektmaterial und den Informationsunterlagen?

c) Sie prüfen die Rechnungen auf Richtigkeit und erstellen in Ihrem Tabellenkalkulationsprogramm die Budgetabrechnung. Von der Buchhaltung liegen Ihnen Rechnungen für die T-Shirts des Veranstaltungsteams in Höhe von 300 € und für zusätzliche Give-Aways in Höhe von 275 € vor.
Vergleichen Sie in dieser Abrechnung die Soll-Kosten mit den Ist-Kosten.

Arbeitsblatt 2

Budgetplan
Tag der offenen Tür am 13. und 14.10.20..

Kostenart	**Geplante Ausgaben**	**Tatsächliche Ausgaben**
Caterer	2.200 €	
Blumen und Dekoration	150 €	
technisches Equipment	100 €	
Künstler	1.500 €	
Liveband	800 €	
Give-Aways		
T-Shirts Veranstaltungspersonal	250 €	
...		
Gesamtkosten	**5.000 €**	
Gewinn/Verlust		

d) Im Anschluss an diese Arbeiten evaluieren Sie mit Frau Lomb und Frau von Seebach die Veranstaltung und erstellen den Abschlussbericht.

Haben Sie folgende Kompetenzen in dieser Lernsituation erworben?				
Ich kann ...				
die W-Fragen einer Veranstaltungsvorbereitung aufführen.				
die Zielsetzung und die eventuellen Ausgaben einer Budgetplanung aufzeigen.				
die ethischen und kulturellen Informationen zum Teilnehmerkreis beurteilen.				
die Faktoren zur Terminplanung erörtern.				
die gesetzlichen Regelungen und Behördenerlaubnisse von Veranstaltungen aufzeigen.				
die Notwendigkeit von Versicherungen bei Veranstaltungen prüfen.				
Gebühren und Beiträge für Aufführungs- und Verwertungsrechte bei Veranstaltungen zuordnen.				
die Aspekte einer Make-or-Buy-Entscheidung vergleichen.				
die Dokumentationsform einer Veranstaltungsart zuordnen.				
eine Checkliste für die Vorbereitung, Durchführung und Nachbereitung gestalten.				
die Einladung und das Programm zielgruppenorientiert entwerfen.				
das Kommunikations- und Umgangsverhalten bei Veranstaltungen beurteilen.				
die Kostenabrechnung einer Veranstaltung durchführen und mit der Budgetplanung vergleichen.				
eine Veranstaltung evaluieren.				

Reflexion des Lernerfolgs:

Stellen Sie sich am Ende dieser Lerneinheit folgende Fragen:

Was waren die Inhalte der Lerneinheit? Was ist mir gelungen/was nicht? Warum ist es mir gelungen/nicht gelungen? Welche Methoden/Vorgehensweisen haben mir besonders gut gefallen?

Lernsituation 4: Eine mehrtägige Veranstaltung planen und durchführen

Infoband 3, LF 12, Kap. 2. ff.

Folgende Kompetenzen können Sie in dieser Lernsituation erwerben:	👍	👌	✊	👎
Ich kann ...				
eine Checkliste für die Veranstaltungsvorbereitung strukturieren.				
den Veranstaltungsort bedarfsgerecht festlegen.				
die Bestuhlung veranstaltungsgerecht zuordnen.				
das notwendige technische Equipment eines Veranstaltungsraums festlegen.				
die rechtlichen Aspekte bei Veranstaltungen analysieren.				
ein Rahmen- und Begleitprogramm organisieren.				
die Einladung und das Programm für die Veranstaltung gestalten.				
eine Einladung in englischer Sprache formulieren.				
ein Catering teilnehmergerecht planen.				
die notwendigen Veranstaltungsdokumente und Feedbackbögen entwerfen.				
das Kommunikations- und Umgangsverhalten in Stresssituationen erklären.				
entsprechende Strategien für Problemlösungen entwickeln.				
ein Dankschreiben an Referenten und Teilnehmer gestalten.				

In Zusammenarbeit mit Sportwissenschaftlern hat die Sportina AG das innovative Trainingssystem Synrgy-Sport entwickelt, das einem zunehmend vielseitig orientierten Publikum ein individuelles Fitnesserlebnis bietet. Dieses Konzept wird auf der ISPO München – der weltweit größten Fachmesse für Sport – den Händlern und Kunden präsentiert.

Im Vorfeld möchte die Sportina AG ihren 28 nationalen und internationalen Fachhändlern und den Außendienstmitarbeitern, dieses revolutionäre Konzept im Rahmen einer Händlertagung in München vorstellen.

Für die Gesamtorganisation dieser Veranstaltung ist die Abteilung Event-Management unter der Leitung von Esther Lomb zuständig.

Lernjob 1 Eine mehrtägige Händlertagung planen

Da Sie sich in der letzten Phase Ihrer Ausbildung befinden, dürfen Sie Esther Lomb bei der Planung dieser Veranstaltung unterstützen. Folgende Eckdaten sind von Frau Lomb bereits festgelegt worden:

Thema	Händlertagung Produkteinführung Synrgy-Sport
Termin	22. und 23. Januar 20..
Veranstaltungsort	ARMADA Hotel & Conference Center München Messe Konrad-Zuse-Platz 14 81829 München Telefon: ++49 89 9376030 Telefax: ++49 89 93760310 E-Mail: arma.messe@hotels.com
Rahmenprogramm	Am 22. Januar findet im Anschluss an die Produktpräsentation ein Empfang mit gemeinsamen Abendessen statt. Die Abendveranstaltung soll in idealer Lage stattfinden. Am 22. Januar soll ein Begleitprogramm für die Partner stattfinden.
Künstler	Das Rahmenprogramm soll mit musikalischen Showeinlagen abgerundet werden.
Teilnehmer	Von jedem Handelspartner werden max. drei Personen eingeladen. Vom eigenen Hause sind ca. 30 Mitarbeiter anwesend.
Referenten	Herr Rüdiger Klinger – Sprecher des Vorstands der Sportina AG Frau Martina Krüger – Verkaufsleiterin Sportina AG Herr Siegmund Haller – Leiter Produktentwicklung Sportina AG Herr Prof. Dietmar Görre – Sportwissenschaftler TU München Frau Anne Asgodem – Kommunikation und Training (bekannte und kompetente Kommunikationstrainerin – führt eine eigene Coaching-Akademie)
Kosten	Die Übernachtungskosten vom 22. bis 23.01.20.. werden von der Sportina AG übernommen. Die Sportina AG erhebt von den Handelspartnern eine Tagungspauschale in Höhe von 75 € pro Person.

a) Eine Veranstaltung in diesem Umfang muss bis ins Detail geplant werden. Damit Sie auf keinen Fall bei der Vorbereitung und Planung der Händlertagung etwas vergessen, verfassen Sie einen Zeit- und Arbeitsplan. Da diese Veranstaltung im Team mit Frau Lomb geplant und organisiert wird, erstellen Sie diesen Ablaufplan als Online-Formular, das im Intranet der Sportina AG den entsprechenden Personen zur Verfügung gestellt wird.

b) Bei den Planungsvorbereitungen wurde diskutiert, ob der Punkt „Kommunikation und Training" auch von Frau Martina Krüger, der Verkaufsleiterin, übernommen werden kann.
Beurteilen Sie, warum sich Frau Lomb für die externe Trainerin, Anne Asgodem, entschieden hat und von welchen Gründen ihre Entscheidung abhängig war.

c) Den Fachhändlern soll das neue Konzept „Synrgy-Sport" nicht nur faktisch in Daten und Zahlen, sondern auch expressiv präsentiert werden, d. h. die eigentliche Präsentation wird von Künstlern mit musikalischen Showeinlagen umrahmt.

Beurteilen Sie, ob und welche Versicherungen überprüft bzw. abgeschlossen werden sollten und welche Gebühren und Beiträge für die Showeinlagen anfallen.

Lernjob 2 Einen Veranstaltungsraum prüfen und einrichten

Für diesen besonderen Aufwand muss der Tagungsort und -raum entsprechend ausgestattet sein, damit das neue Konzept den Händlern optimal präsentiert werden kann.

a) Zunächst beurteilen Sie, warum Frau Lomb sich gerade für diesen Veranstaltungsort entschieden hat.

b) Für die Veranstaltung sind ca. 130 Teilnehmer geplant. Ihnen liegt für die Veranstaltung eine Übersicht der Bestuhlungsarten vor. Stellen Sie die wesentlichen Bestuhlungsarten gegenüber und vergleichen Sie jeweils die Vor- und Nachteile.

Arbeitsblatt 3

Wählen Sie eine für die Veranstaltung geeignete Bestuhlungsform aus. Begründen Sie Ihre Entscheidung.

c) Vor der Veranstaltung sollte sich mit den technischen Geräten vertraut gemacht werden, damit peinliche Situationen erspart bleiben. Sie setzen sich dazu mit den Merkmalen und Möglichkeiten der gängigen Standardtechniken auseinander.

Arbeitsblatt 4

d) Das Programm und Rahmenprogramm erhebt neben den allgemeinen Merkmalen zur Raumausstattung besondere Ansprüche an die Medienausstattung. Entwerfen Sie eine Checkliste und prüfen Sie, welche medialen und technischen Kriterien der Veranstaltungsraum erfüllen muss. Berücksichtigen Sie bei Ihren Überlegungen auch die Bestuhlung und den Mittagsimbiss während der Veranstaltung.

Lernjob 3 Ein Tagungsprogramm entwerfen

Das Tagungsprogramm für die Händlertagung haben Sie mit Frau Lomb grob geplant. Die Veranstaltung beginnt am 22.01.20.. um 10:00 Uhr und endet am 23.01.20.. um 15:00 Uhr, damit die Teilnehmer noch abreisen können.

Ihre Aufgabe ist es, die weiteren Modalitäten, wie z. B. Mittagsimbiss, Pausen und Showeinlagen, sowie den zeitlichen Ablauf zu planen. Folgende Programmpunkte sind vorgesehen:

22. Januar 20..

Thema	Dauer	Referent/in
Begrüßung	30 Min.	Herr Rüdiger Klinger
Markt- und Umsatzentwicklung	90 Min.	Frau Martina Krüger
Vorstellung „Synrgy-Sport“	90 Min.	Herr Siegmund Haller
Markteinführung „Synrgy-Sport“	45 Min.	Frau Martina Krüger
sportwissenschaftlicher Ansatz „Synrgy-Sport“	60 Min.	Herr Prof. Dietmar Görre
Cocktailempfang „Get Together“	30 Min.	
gemeinsames Abendessen	90 Min.	
Abendveranstaltung		

23. Januar 20..

Thema	Dauer	Referent/in
Begrüßung	15 Min.	Herr Rüdiger Klinger
Workshop I Zielorientierte Verkaufsgespräche	45 Min.	Frau Anne Asgodem
Workshop II Trainingsmodule „Synrgy-Sport“	45 Min.	Herr Prof. Dietmar Görre
Workshop III Körpersprache und Stimme	45 Min.	Frau Anne Asgodem
Abschlusstalk	30 Min	Herr Rüdiger Klinger
Mittagessen	60 Min.	

a) Entwickeln Sie aus der Grobplanung ein ansprechendes und übersichtliches Tagungsprogramm. Beachten Sie dabei, dass das Abendessen am 22. Januar 20.. ebenfalls im Tagungshotel stattfindet. Als Kleiderordnung ist „Business Casual" vorgesehen.

   Für die Showeinlage möchte Frau Lomb gerne eine Sängerin und ein Showballett engagieren, das eine sportliche Performance im Repertoire anbietet.

b) Die Stadt München ist nicht nur Landeshauptstadt des Freistaates Bayern, sondern auch ein bedeutendes Zentrum der Finanzwirtschaft, Medien, Kultur und Wissenschaft in Europa.

   Für die Begleitpersonen der Handelspartner entwerfen Sie ein ansprechendes und unterhaltsames Programm.

c) Die Snacks und das Mittag- und Abendessen werden vom Hotel bereitgestellt. Die Snackauswahl und die Menüwahl besprechen Sie mit Frau Lomb. Auf welche Kriterien achten Sie bei der Auswahl?

Lernjob 4 Eine Einladung gestalten

Da der Programmablauf, der Veranstaltungsort und der Termin feststehen, ist es an der Zeit, die Einladungen an die Teilnehmer und Referenten zu verschicken.

a) Formulieren Sie ein Einladungsschreiben, dem Sie das Tagungsprogramm und Begleitprogramm beilegen. Entwerfen Sie für die Teilnahme auch eine Antwortkarte, die Sie ebenfalls der Einladung beifügen.

b) Für die internationalen Teilnehmer formulieren Sie die Einladung in englischer Sprache.

Lernjob 5 Die Veranstaltungsdokumente erstellen

Für die Durchführung der Veranstaltung müssen noch eine Reihe von Unterlagen vorbereitet werden.

a) Erläutern Sie, welche Unterlagen für eine Veranstaltung dieser Art notwendig sind und begründen Sie Ihre Ausführungen.

b) Für die Zielüberprüfung möchten Sie von den Teilnehmern ein angemessenes Feedback einholen. Die Teilnehmer sollen in einem Feedbackbogen ihre Zufriedenheit mit der Veranstaltung bewerten.

   Dazu entwerfen Sie einen Feedbackbogen, mit dem Sie folgende Punkte abfragen:

   - Vorbereitung der Veranstaltung
   - Hotelauswahl
   - Verpflegung
   - Durchführung der Veranstaltung
   - Programm und Rahmenprogramm
   - Ausstattung des Tagungsraums
   - Referenten
   - Kommunikation und Informationsfluss.

   Dieses Feedbackformular fügen Sie den Veranstaltungsdokumenten bei.

Lernjob 6 Die Händlertagung durchführen

Da keine Veranstaltung, auch wenn sie noch so sorgfältig vorbereitet wurde, planmäßig verläuft, hat Ihnen Frau Lomb die Aufsicht für den Veranstaltungsablauf übertragen.

a) Sollte trotz weitsichtiger Organisation etwas schief laufen, haben Sie mit Frau Lomb gemeinsam einen Plan B erstellt, der bei Pannen vorbeugen oder Abhilfe schaffen kann:

Panne	Vorbeugung oder Abhilfe
Das Hotel ARMADA teilt Ihnen kurzfristig mit, dass zu dem gewünschten Termin nicht genügend Zimmer zur Verfügung stehen.	
Bei der Generalprobe versagt die Technik im Veranstaltungsraum.	
Ein Teilnehmer verliert einen Knopf an seinem Jackett.	
Zwei Mitarbeiter vom Veranstaltungspersonal fallen krankheitsbedingt aus.	
Ein Teilnehmer aus Spanien wünscht eine Simultanübersetzung des Programms.	
Da auf der Teilnehmerliste nicht alle Namen erfasst sind, fehlen auch die entsprechenden Namensschilder.	
Einige Mitarbeiter haben sich nicht an den Ablaufplan gehalten und sind unzuverlässig.	

b) Während des Mittagessens am 23. Januar 20.. besprechen Sie mit Frau Lomb, welche Aufgaben im Anschluss an die Veranstaltung zu organisieren sind.

Führen Sie diese Aufgaben stichpunktartig auf.

Lernjob 7 Die Händlertagung nachbereiten

Erschöpft aber zufrieden mit der Veranstaltung kehren Sie an Ihren Arbeitsplatz zurück. Sie nehmen die Checkliste „Veranstaltungen nachbereiten" zur Hand und prüfen, was zu erledigen ist.

a) Entwerfen Sie ein Dankschreiben an die Referenten und Künstler. Prüfen Sie, in welcher Form Sie ein solches Schreiben rationell im Textverarbeitungsprogramm gestalten können.

b) Darüber hinaus formulieren Sie ein Schreiben an die Teilnehmer der Veranstaltung. Darin danken Sie für die Teilnahme und weisen noch einmal auf das Konzept von „Synrgy-Sport" hin, das bei geschickter Verkaufstaktik und schlagkräftigen Argumenten die Fitnesswelt revolutionieren wird.

Haben Sie folgende Kompetenzen in dieser Lernsituation erworben?				
Ich kann ...				
eine Checkliste für die Veranstaltungsvorbereitung strukturieren.				
den Veranstaltungsort bedarfsgerecht festlegen.				
die Bestuhlung veranstaltungsgerecht zuordnen.				
das notwendige technische Equipment eines Veranstaltungsraums festlegen.				
die rechtlichen Aspekte bei Veranstaltungen analysieren.				
ein Rahmen- und Begleitprogramm organisieren.				
die Einladung und das Programm für die Veranstaltung gestalten.				
eine Einladung in englischer Sprache formulieren.				
ein Catering teilnehmergerecht planen.				
die notwendigen Veranstaltungsdokumente und Feedbackbögen entwerfen.				
das Kommunikations- und Umgangsverhalten in Stresssituationen erklären.				
entsprechende Strategien für Problemlösungen entwickeln.				
ein Dankschreiben an Referenten und Teilnehmer gestalten.				

Reflexion des Lernerfolgs:

Stellen Sie sich am Ende dieser Lerneinheit folgende Fragen:

Was waren die Inhalte der Lerneinheit? Was ist mir gelungen/was nicht? Warum ist es mir gelungen/nicht gelungen? Welche Methoden/Vorgehensweisen haben mir besonders gut gefallen?

Lernsituation 5: Eine Geschäftsreise vorbereiten

Infoband 3, LF 12, Kap. 6.

Folgende Kompetenzen können Sie in dieser Lernsituation erwerben:				
Ich kann ...				
den Begriff „Geschäftsreise“ definieren.				
die Anlässe für Geschäftsreisen aufzeigen.				
die wesentlichen Aspekte zur Vorbereitung von Geschäftsreisen erläutern.				
die grundlegenden Fragen zur Konzeption von Geschäftsreisen beschreiben.				
die Rahmenbedingungen einer Geschäftsreise darstellen.				
die Bedeutung unternehmensinterner Reiserichtlinien begründen.				
den Aufbau einer unternehmensinternen Reiserichtlinie erklären.				
die Wünsche und Besonderheiten von Reisenden bei der Reiseplanung berücksichtigen.				
die Informationsquellen zur Recherche von Dienstleistern vergleichen.				
die Kriterien für geeignete Unterkünfte erfassen.				
die Leistungen und Servicemerkmale von Verkehrsmitteln zuordnen.				
die Leistungen und Preise verschiedener Dienstleister vergleichen.				

Da Sie sich für die Wahlqualifikation „Öffentlichkeitsarbeit und Veranstaltungsmanagement“ im Rahmen Ihrer Ausbildung entschieden haben, erhalten Sie als zweite betriebliche Fachaufgabe, einen Prozess für das Geschäftsreisemanagement zu beschreiben.

Als Anhaltspunkt für Ihre Dokumentation nutzen Sie die Eindrücke der Händlertagung, die Sie in weiten Teilen vorbereitet haben.

Lernjob 1 Geschäftsreisen konzipieren und ausrichten

Bei der Vorbereitung wurden häufig die Begriffe „Geschäftsreise“ und “Dienstreise“ genannt.

a) Definieren Sie den Begriff „Geschäftsreise“ und erläutern Sie, wann der Begriff „Dienstreise“ verwendet wird?

b) Führen Sie die unterschiedliche Anlässe von Geschäftsreisen auf.

c) Erläutern Sie die wesentlichen Aspekte zur Konzeption und Organisation von Geschäftsreisen.

d) Bereiten Sie die W-Fragen zur Geschäftsreisevorbereitung in grafischer Form auf.

Lernjob 2 Formalitäten und Richtlinien für Geschäftsreisen bestimmen

Bei der Vorbereitung der Händlertagung ist Ihnen aufgefallen, dass die Abläufe teilweise unkoordiniert und unstrukturiert sind.

a) Stellen Sie die Rahmenbedingungen zur Konzeption von Geschäftsreisen übersichtlich dar.

b) Da Sie wissen, dass Checklisten ein erfolgreiches Hilfsmittel zur Organisation von Abläufen sind, entwerfen Sie eine detaillierte und gut strukturierte Checkliste zur Vorbereitung von Geschäftsreisen.

c) Sie haben ebenfalls festgestellt, dass in Ihrem Ausbildungsbetrieb keine unternehmensinternen Reiserichtlinien festgelegt sind.

- Erläutern Sie, warum der Einsatz von unternehmensinternen Reiserichtlinien für den Prozess des Geschäftsreisemanagement zweckmäßig ist.
- Planen Sie den Entwurf einer unternehmensinternen Reiserichtlinie, der alle notwendigen Informationen enthält.

d) Auf der Händlertagung wurde Ihnen bewusst, dass sich viele Mitarbeiter beschwert haben, dass Ihre Wünsche bei der Zimmerwahl und dem Verkehrsmittel zur Anreise nicht berücksichtigt wurden.

Damit bei zukünftigen Geschäftsreisen die einzelnen Wünsche und Besonderheiten der Mitarbeiter berücksichtigt werden, entwickeln Sie ein Datenblatt, in dem Sie die speziellen Vorlieben und Gewohnheiten festhalten.

Lernjob 3 Dienstleister für Geschäftsreisen recherchieren

Ist die Konzeption einer Geschäftsreise abgeschlossen, müssen geeignete Unterkünfte und Verkehrsmittel recherchiert werden.

a) Prüfen Sie, welche Informationsquellen zur Recherche genutzt werden können.

b) Die wichtigsten Kriterien für die Wahl der Unterkunft ergänzen Sie in der Checkliste aus **Lernjob 2b.**

c) Die Wahl des zweckmäßigen Verkehrsmittels einer Geschäftsreise ist von mehreren Kriterien, wie Mobilität am Reiseort, Erreichbarkeit, Bequemlichkeit und konzentriertem Arbeiten abhängig.

Zur besseren Übersicht vergleichen Sie die Leistungsmerkmale der verschiedenen Verkehrsmittel.

Arbeitsblatt 5

d) Beschreiben Sie, welche Mittel Sie dazu einsetzen, um die Leistungen und Preise der verschiedenen Anbieter zu vergleichen. Berücksichtigen Sie dabei auch die Kriterien, die für eine Auswahl wichtig sind.

Haben Sie folgende Kompetenzen in dieser Lernsituation erworben?	👍	👌	✊	👎
Ich kann ...				
den Begriff „Geschäftsreise" definieren.				
die Anlässe für Geschäftsreisen aufzeigen.				
die wesentlichen Aspekte zur Vorbereitung von Geschäftsreisen erläutern.				
die grundlegenden Fragen zur Konzeption von Geschäftsreisen beschreiben.				
die Rahmenbedingungen einer Geschäftsreise darstellen.				
die Bedeutung unternehmensinterner Reiserichtlinien begründen.				
den Aufbau einer unternehmensinternen Reiserichtlinie erklären.				
die Wünsche und Besonderheiten von Reisenden bei der Reiseplanung berücksichtigen.				
die Informationsquellen zur Recherche von Dienstleistern vergleichen.				
die Kriterien für geeignete Unterkünfte erfassen.				
die Leistungen und Servicemerkmale von Verkehrsmitteln zuordnen.				
die Leistungen und Preise verschiedener Dienstleister vergleichen.				

Reflexion des Lernerfolgs:

Stellen Sie sich am Ende dieser Lerneinheit folgende Fragen:

Was waren die Inhalte der Lerneinheit? Was ist mir gelungen/was nicht? Warum ist es mir gelungen/nicht gelungen? Welche Methoden/Vorgehensweisen haben mir besonders gut gefallen?

....

....

....

....

....

....

....

....

....

....

....

....

....

....

Lernsituation 6: Geschäftsreisen effizient organisieren

Infoband 3, LF 12, Kap. 7.

Folgende Kompetenzen können Sie in dieser Lernsituation erwerben:	👍	👌	👊	👎
Ich kann ...				
die Aspekte nachhaltiger Geschäftsreisen aufzeigen.				
die wesentlichen Kriterien bei Onlinerecherchen beschreiben.				
einen Buchungsprozess selbstständig durchführen.				
eine Reisemappe selbstständig organisieren.				
einen Reiseplan strukturieren und erstellen.				
Alternativlösungen für Störungen bei Geschäftsreisen aufzeigen.				
geeignete Zahlungsmittel für Geschäftsreisen erklären.				

Nachdem Sie den Prozess des Geschäftsreisemanagement Frau von Seebach und Frau Lomb vorgestellt und reflektiert haben, wird Ihnen die Geschäftsreisenorganisation anvertraut.

Lernjob 1 Eine Nachhaltigkeitsstrategie für „grüne Reisen“ entwickeln

Im Laufe Ihrer Ausbildungszeit haben Sie gelernt, dass die Effizienz bei der Gestaltung von Geschäftsprozessen ein wesentlicher Faktor ist. Das bedeutet für Geschäftsreisen, dass diese in möglichst kurzer Zeit und zu möglichst geringen Kosten durchgeführt werden sollen. Die Nachhaltigkeit bleibt oft unberücksichtigt.

Um den Mitarbeitern Ihres Ausbildungsbetriebs das Thema „Nachhaltigkeit auf Geschäftsreisen“ näher zu bringen, entwickeln Sie ein Merkblatt mit Tipps zur nachhaltigen Geschäftsreisenorganisation.

Lernjob 2 Unterkünfte und Verkehrsmittel online recherchieren

Die Messe ISPO in München war für das Trainingssystem Synrgy-Sport ein großer Erfolg und hat bei dem nationalen und internationalen Publikum großen Anklang gefunden.

Frau Krüger hat auf der Messe viele Kontakte generiert, mit denen sie zurzeit in Verhandlung steht. Um die Gespräche vor Ort zu vertiefen und zum Abschluss zu bringen, hat Sie geplant zwei potenzielle Kunden in Hamburg zu besuchen.

Da die Termine an unterschiedlichen Tagen liegen, möchte Frau Krüger die Zeit in Hamburg nutzen und für zukünftige Veranstaltungen zwei Tagungshotels besichtigen und ggf. Konditionen aushandeln. Dafür planen Sie die zu erwartenden Zimmerkontingente und legen die unternehmensinterne Reiserichtlinie bereit.

Ihre Aufgabe ist es, diese Geschäftsreise zu organisieren. Folgende Daten liegen Ihnen vor:

Kunden:	Body Coaching Falkenried 86 20251 Hamburg Telefon: 040 57868310 E-Mail: body@coaching.de Ansprechpartner: Frau Kerstin Hässler Termin: 17.03.20.., 14:30 Uhr Prospekte und Warenmuster	Sport Tiedemann Stresemannstraße 17 - 19 22769 Hamburg Telefon: 040 472265 E-Mail: sport@tiedemann.de Ansprechpartner: Herr Andreas Kunath Termin: 18.03.20.., 10:30 Uhr gemeinsames Mittagessen Die Vertragsunterlagen sind vorbereitet und auf dem Notebook gespeichert.
Termin:	17. - 19.03.20..	
Privat:	Frau Krüger möchte am 18.03. abends in Hamburg ein Musical besuchen. Falls noch freie Zeit zur Verfügung steht, möchte Frau Krüger in Hamburg shoppen.	
Tagungshotels:	Termin: 17.03.20.., 17:00 Uhr Ansprechpartner: Hoteldirektor Bernd Wittels Scandic Hamburg Dammtorwall 19 20355 Hamburg Telefon: 040 4321 870 Telefax: 040 4321 87 499 E-Mail: hamburg@scandichotels.de Termin: 18.03.20.., 16:00 Uhr Ansprechpartner: Hoteldirektorin Annette Heppert Radisson Blu Hotel Hamburg Marseiller Straße 7 20355 Hamburg Telefon: 040 2231 732244 Telefax: 040 2231 732245 E-Mail: hamburg@radisson.de	

a) Zunächst recherchieren Sie im Internet nach einer geeigneten Unterkunft.
- Wie gehen Sie bei der Online-Recherche vor und auf was achten Sie beim Buchungsvorgang?
- Suchen Sie drei Hotels aus und vergleichen diese nach den Kriterien zur Hotelauswahl.
- Entscheiden Sie sich für eine Unterkunft und begründen Sie Ihre Wahl.

b) Weiterhin prüfen Sie, welche Verkehrsmittel für diese Reise und für weitere Geschäftsreisen geeignet sind. Entscheiden Sie sich für ein Verkehrsmittel für die Geschäftsreise nach Hamburg und begründen Sie Ihre Wahl. Berücksichtigen Sie bei Ihren Entscheidungen auch die ökologische Nachhaltigkeit.

Arbeitsblatt 6

c) Frau Krüger hat mit dem Kunden Sport Tiedemann für den 18.03.20.. ein gemeinsames Mittagessen geplant. Neben Herrn Andreas Kunath nehmen an dem Geschäftsessen noch zwei weitere Personen teil.

Recherchieren Sie im Internet nach einem angemessenen Lokal und reservieren einen Tisch. Welche Möglichkeiten können Sie für eine solche Reservierung nutzen?

d) Die Vorschläge zur Unterkunft und dem Verkehrsmittel legen Sie Frau Krüger zur Besprechung vor und machen den Vorschlag, die Hotelreservierung online zu buchen. Frau Krüger besteht aber auf eine Buchung mit einer geschäftlichen E-Mail. Da Sie private Reisen ausschließlich online buchen, sind Sie von Frau Krügers Anweisung überrascht.
- Prüfen Sie, warum Frau Krüger auf eine Buchung per E-Mail besteht?
- Über welche Kanäle können heutzutage Buchungsprozesse erfolgen?

e) Nachdem Sie das Thema „Online-Buchungen“ von Geschäftsreisen für sich geklärt haben, buchen Sie mithilfe einer geschäftlichen E-Mail die Unterkunft Ihrer Wahl.
   - Welche Informationen sind für den Buchungsprozess erforderlich?
   - Beachten Sie, dass es sich bei einer Hotelbuchung um einen Vertrag handelt. Was muss berücksichtigt werden, wenn die Reise abgesagt oder verschoben wird?
   - Formulieren Sie die E-Mail mit den entsprechenden Inhalten.

Arbeitsblatt 7

Lernjob 3 Einen Reiseplan entwerfen

Da Frau Krüger in Ihrer Funktion als Verkaufsleiterin sehr eingespannt ist und sich um die Vorbereitung Ihrer Reise nach Hamburg nicht kümmern kann, organisieren Sie alle Unterlagen und Informationen zu der bevorstehenden Geschäftsreise.

a) Entwerfen Sie für Frau Krüger einen strukturierten Reiseplan für die Geschäftsreise nach Hamburg. Achten Sie darauf, dass Sie alle notwendigen Daten und Informationen erfassen.

b) Sie sammeln alle Unterlagen in einer Reisemappe. Wie gliedern Sie diese Mappe und welche Unterlagen gehören hinein?

c) Planen Sie für Frau Krüger ein Alternativszenario, falls auf der Reise Pannen auftreten sollten.

Lernjob 4 Geeignete Zahlungsmittel organisieren

Am Abend vor der Abreise nach Hamburg legen Sie Frau Krüger die Reisemappe vor. Erschrocken stellt Frau Krüger fest, dass sie nicht mehr genug Bargeld für die Reise hat.

a) Welche Zahlungsmittel kann Frau Krüger für die Geschäftsreise einsetzen?

b) Warum sollten Geschäftsreisende auch Bargeld mit sich führen?

c) Auf welche Aspekte sollte geachtet werden, um Zahlungsprobleme auf Geschäftsreisen zu vermeiden?

Haben Sie folgende Kompetenzen in dieser Lernsituation erworben?	👍	👌	🤏	👎
Ich kann ...				
die Aspekte nachhaltiger Geschäftsreisen aufzeigen.				
die wesentlichen Kriterien bei Onlinerecherchen beschreiben.				
einen Buchungsprozess selbstständig durchführen.				
eine Reisemappe selbstständig organisieren.				
einen Reiseplan strukturieren und erstellen.				
Alternativlösungen für Störungen bei Geschäftsreisen aufzeigen.				
geeignete Zahlungsmittel für Geschäftsreisen erklären.				

Reflexion des Lernerfolgs:

Stellen Sie sich am Ende dieser Lerneinheit folgende Fragen:

Was waren die Inhalte der Lerneinheit? Was ist mir gelungen/was nicht? Warum ist es mir gelungen/nicht gelungen? Welche Methoden/Vorgehensweisen haben mir besonders gut gefallen?

Lernsituation 7: Eine Geschäftsreise nachbereiten

Infoband 3, LF 12, Kap. 8.

Folgende Kompetenzen können Sie in dieser Lernsituation erwerben:				
Ich kann ...				
die Bedeutung einer Reisekostenabrechnung beschreiben.				
die Kostenarten bei Reisekosten unterscheiden.				
die gesetzliche und steuerliche Regelung von Reisekosten erklären.				
die Fahrtkostenpauschale und den Verpflegungsmehraufwand darstellen.				
die Anforderungen an einen Bewirtungsbeleg aufzeigen.				
eine Reisekostenabrechnung durchführen.				
eine Geschäftsreise in das Ausland vorbereiten.				
eine Geschäftsreise reflektieren und evaluieren.				

Bei der Recherche nach Informationen für Ihren Report zum Geschäftsreisemanagement ist Ihnen aufgefallen, dass die Geschäftsreisenden in Ihrem Ausbildungsbetrieb ihre Geschäftsreisen sehr zeitverzögert nachbereiten und abrechnen.

Die Mitarbeiter begründen die schleppende Nachbereitung damit, dass auf Geschäftsreisen Termine von morgens bis abends stattfinden, meistens noch ein Geschäftsessen mit Kunden bis spätabends läuft und nachts die Termine für den nächsten Tag vorbereitet werden. Zeit für die Erfassung von anfallenden Reisekosten bleibt dabei so gut wie keine. Stattdessen werden Stapel von Belegen nach der Rückkehr durchforstet und fehlende Quittungen durch Eigenbelege ersetzt. Eine Vorgehensweise, die Zeit und sehr viel Geld kostet.

Die Geschäftsleitung Ihres Ausbildungsunternehmens möchte daher die Nachbereitung von Geschäftsreisen ebenfalls prozessorientiert steuern. Da Sie bereits einen Prozess zur Geschäftsreisenorganisation beschrieben haben, wird Ihnen diese Aufgabe ebenfalls übertragen.

Lernjob 1 Die Grundlagen einer Reisekostenabrechnung strukturieren

Für die Nachbereitung von Geschäftsreisen ist es wichtig, dass alle Reisedetails und Belege schon während der Geschäftsreise gesammelt werden.

a) Formulieren Sie einen Leitsatz, der die Bedeutung einer Reisekostenabrechnung deutlich macht.

b) Neben den Angaben zur Person und zur Dauer setzen sich die Reisekosten aus unterschiedlichen Kostenarten zusammen. Unterscheiden Sie diese Kostenarten und beschreiben sie stichpunktartig.

c) Viele Mitarbeiter sind darüber erstaunt, dass der Arbeitgeber nicht dazu verpflichtet ist, die Reisekosten zu zahlen. Prüfen Sie die rechtliche Regelung zur Reisekostenabrechnung.

Lernjob 2 Eine Reisekostenabrechnung vorbereiten

Das Zuordnen der verschiedenen Reisekosten erfordert einen hohen Zeitaufwand, da einige Mitarbeiter unsicher sind, welche Pauschale sie für die jeweilige Kostenart einsetzen können.

a) Um den Mitarbeitern in Ihrem Ausbildungsunternehmen zukünftig die Reisekostenabrechnung zu erleichtern, erstellen Sie eine Übersicht, in der Sie die verschiedenen Reisekostenarten und die entsprechenden Pauschalbeträge darstellen. Auf die Besonderheiten bei Auslandsreisen weisen Sie ebenfalls hin.

Arbeitsblatt 8

b) Anhand der Erkenntnisse aus der Übersicht prüfen Sie die Reisekostenabrechnung von Herrn Klinger auf Richtigkeit.

Arbeitsblatt 9
Arbeitsblatt 10

Lernjob 3 Eine Reisekostenabrechnung durchführen

Frau Krüger kehrt gut gelaunt von der Geschäftsreise nach Hamburg zurück und übergibt Ihnen einen Stapel von Belegen. Sie bittet Sie, die Reisekostenabrechnung für sie zu erledigen. Frau Krüger verließ am 17.03. um 08:00 Uhr die Wohnung und traf am 19.03. um 18:00 Uhr wieder zu Hause ein. Diese Reise führte Sie mit Ihrem Privat-Pkw durch. Die einfache Wegstrecke betrug 349 km.

a) Sie sortieren die Belege und führen im Tabellenkalkulationsprogramm die Reisekostenabrechnung durch.

Bevor Sie mit der Zusammenstellung der Kosten beginnen, ordnen Sie die Belege den Kostenarten in folgender Tabelle zu und prüfen, welche Kosten erstattungsfähig sind:

Arbeitsblatt 11
Arbeitsblatt 12
Arbeitsblatt 13

Fahrtkosten	
Übernachtungskosten	
Verpflegungsmehraufwand	
Reisenebenkosten	

b) Prüfen Sie beim Sortieren der Belege, ob der Bewirtungsbeleg alle relevanten Angaben enthält.

Lernjob 4 Eine Geschäftsreise ins Ausland organisieren

Frau Krüger möchten die Daily Fantasy Sports sowie weitere Kunden in Miami/USA besuchen. Sie werden gebeten, diese Reise in weiten Teilen vorzubereiten.

a) Halten Sie alle Punkte in einer Checkliste fest, damit Sie bei der Organisation der Reise nichts vergessen.

b) Prüfen Sie, welche rechtlichen Erfordernisse und Formalitäten Frau Krüger bei dieser Reise beachten muss. Ergänzen Sie Ihre Erkenntnisse in der Checkliste.

Die Buchung des Fluges nehmen Sie ebenfalls vor.

Überlegen Sie, welcher Flughafen für den Flug geeignet ist und welche Beförderungsklasse Sie für Frau Krüger wählen.

Ihnen ist bekannt, dass Frau Krüger lange Wartezeiten an Flughäfen als belastend empfindet. Welche Möglichkeiten gibt es, diese Wartezeiten zu umgehen? Begründen Sie Ihre Ausführungen.

c) Für die Übernachtung haben Sie das River Park Hotel in Miami/USA recherchiert. Frau Krüger fordert Sie auf, vorab telefonisch nachzufragen, ob zu dem Reisetermin Hotelzimmer frei sind. Folgende Informationen von Frau Krüger liegen Ihnen vor:

Reisetermin: 28.04.20.. bis 05.05.20..

- klimatisiertes Einzelzimmer mit Dusche und WC
- Übernachtung mit Frühstück
- Mietwagenbuchung im Hotel

- Reservierung schnellstmöglich bestätigen lassen
- Falls zum gewünschten Termin keine Zimmer frei sind, Adresse eines ähnliche Hotels in der Nähe geben lassen.

Gespräche mit der Rezeption eines Hotels eignen sich ideal für Personen, die im praktischen Umgang mit der englischen Sprache noch unsicher sind. Da das Thema klar umrissen ist, kann man sich gut auf den Gesprächsverlauf vorbereiten. Trainieren Sie dazu die entsprechenden Vokabeln, bevor Sie das Gespräch führen.

Arbeitsblatt 14

d) Die amerikanischen Sitten und Gebräuche im Umgang mit Geschäftskontakten halten Sie für Frau Krüger in einem Merkblatt fest.

Lernjob 5 Eine Geschäftsreise reflektieren und evaluieren

Frau Krüger ist von der Geschäftsreise in die USA zurückgekehrt und möchte mit Ihnen die Reiseorganisation besprechen.

a) Zur Vorbereitung auf dieses Gespräch entwickeln Sie Fragen für ein Interview zur Organisation und zum Ablauf der Geschäftsreise.

b) Frau Krüger überreicht Ihnen einen Stapel Aufträge und etliche Visitenkarten von neuen Kontakten. Wie gehen Sie mit diesen Unterlagen vor?

c) Sie führen auf Basis folgender Daten die Reisekostenabrechnung durch:

Arbeitsblatt 12
Arbeitsblatt 13

Abreise:	28.04.20.., 07:00 Uhr (Ortszeit)
Ankunft:	05.05.20.., 19:00 Uhr (Ortszeit)
Flugkosten:	2.344,10 €
Parkgebühr Flughafen	40,00 €
Hotelkosten:	153,00 € pro Nacht € inkl. Frühstück
Mietwagen:	215,00 €
Reisenebenkosten:	28.04.: 15,00 € Gepäckaufbewahrung & Taxikosten zum Flughafen 23,75 € 04.05.: 113,50 € Benzinkosten 04.05.: 37,45 € Taxikosten Miami 05.05.: Taxikosten vom Flughafen 24,15 €

Informationen zur steuerlichen Behandlung und zu den Pauschalbeträgen finden Sie unter:

www.bundesfinanzministerium.de

d) Sie legen Frau Krüger die Reisekostenabrechnung zur Unterschrift vor. In diesem Zusammenhang zeigt sie Ihnen nachfolgenden Presseartikel:

SAP-Mitarbeiter müssen Reisekosten sparen

25.05.2012

Europas größter Softwarehersteller SAP will laut einem Pressebericht an den Reisekosten sparen. Seit dem 1. April seien die Mitarbeiter angehalten, die Ausgaben zu senken, schreibt die „Financial Times Deutschland" unter Berufung auf mehrere Beteiligte aus dem Unternehmen.

In einer E-Mail fordere ein Manager seine Mitarbeiter auf, alle Reisen zu unterlassen, die nicht in Zusammenhang mit einem Kundenbesuch stünden. Die Maßgabe gelte weltweit. Ein SAP-Sprecher sagte dem Blatt, es habe nach dem ersten Quartal die Aufforderung an das Management gegeben, im Rahmen der Budgets zu bleiben. Das betreffe nicht nur Reisen, sondern auch Neueinstellungen und Kundenevents. (dpa/sh)

Quelle: http://www.computerwoche.de/a/sap-mitarbeiter-muessen-reisekosten-sparen,2513683/09.02.2016

Auch in Ihrem Ausbildungsbetrieb sind die Reisekosten in der letzten Zeit sehr gestiegen. Frau Krüger bittet Sie deshalb, ein Rundschreiben an alle Mitarbeiter zu schicken, in dem Sie Reiserichtlinien zur Reisekostensenkung formulieren. Frau Krüger weist noch einmal darauf hin, dass auch Mitarbeiter, die nur wenig reisen, Sonderkonditionen bei Dienstleistern in Anspruch nehmen können. Daher sollen zukünftig alle Geschäftsreisen zentral gebucht werden. Dafür sind Sie zuständig. Darüber hinaus sollen zukünftig auch alle Geschäftsreisen schriftlich von der Geschäftsleitung genehmigt werden. Die voraussichtlichen Kosten der Geschäftsreise, sollen in dem entsprechenden Antrag aufgeführt werden. Für Übernachtungen ist das Unternehmen bereit, bis zu 120 € pro Nacht zu erstatten. Als Verpflegungsmehraufwand werden ausschließlich die Pauschalbeträge gewährt. Ein weiterer wichtiger Aspekt ist die Nachhaltigkeit auf Geschäftsreisen, insbesondere im Hinblick auf die Verkehrsmittel.

Bevor Sie das Rundschreiben erstellen, prüfen Sie weiteren Möglichkeiten zur Reisekostensenkung.

Merkmale	**Möglichkeiten**
allgemeine Kriterien	
Hotelkosten	
Verkehrsmittel	Bahn:
	Flugzeug:
	Pkw:

Im Anschluss erstellen Sie das Rundschreiben mit den entsprechenden Inhalten.

Haben Sie folgende Kompetenzen in dieser Lernsituation erworben?	👍	👌	✊	👎
Ich kann ...				
die Bedeutung einer Reisekostenabrechnung beschreiben.				
die Kostenarten bei Reisekosten unterscheiden.				
die gesetzliche und steuerliche Regelung von Reisekosten erklären.				
die Fahrtkostenpauschale und den Verpflegungsmehraufwand darstellen.				
die Anforderungen an einen Bewirtungsbeleg aufzeigen.				
eine Reisekostenabrechnung durchführen.				
eine Geschäftsreise in das Ausland vorbereiten.				
eine Geschäftsreise reflektieren und evaluieren.				

Reflexion des Lernerfolgs:

Stellen Sie sich am Ende dieser Lerneinheit folgende Fragen:

Was waren die Inhalte der Lerneinheit? Was ist mir gelungen/was nicht? Warum ist es mir gelungen/nicht gelungen? Welche Methoden/Vorgehensweisen haben mir besonders gut gefallen?

....

....

....

....

....

....

....

....

....

....

....

....

....

....

....

....

....

....

....

Arbeitsblatt 1

Veranstaltungsart	Charakteristik	Anforderung	Zielsetzung
Besprechung		► ohne formelle Einladung und Tagesordnung ► Die Einladung kann telefonisch erfolgen.	
_____	► Treffen eines kleineren Personenkreises ► Die Dauer beträgt mehrere Stunden.		► Besprechung und Informationsaustausch betrieblicher Themenschwerpunkte mit Ergebnisfindung
Konferenz	► Zusammenkunft von 30 bis 60 Personen	► Konferenzen haben ein Leitthema. ► Ein Protokoll muss angefertigt werden.	
Videokonferenz		► exakte Terminabstimmung ► Technische Voraussetzung sind vernetzte Computer und eine entsprechende Videotechnik (Hard- und Software). ► Ein Protokoll muss geführt werden.	► Informationsaustausch zur Problemlösung ► Beschlussfassung
_____	► Treffen von mehrere hundert bis 1.000 Personen zeitgleich an mehreren Tagen ► thematische, methodische und räumliche Gliederung von Fachvorträgen ► Dauer von mehreren Tagen ► lange und präzise Vorbereitungszeit von 12 bis 15 Monaten		
Tagung		► formelle Einladung mit Programm und Teilnahmebestätigung	
_____	► öffentliche Ausstellung einer Branche oder zu einem Produkt ► regionale, nationale- oder internationale Ausrichtung ► umfangreiche Vorbereitung mit Planung infrastruktureller Aspekte ► Messen werden in der Regel über Jahre festgelegt.	► Bekanntgabe im jährlich erscheinenden Messekalender ► Terminbekanntgabe im Internet ► Werbung in der regionalen Presse ► direkte Einladung durch Kundenanschreiben	► Information über neue Produkte oder zu bestimmten Themen ► Produkte werden ausgestellt und verkauft. ► nachhaltiges Instrument zur Imagepflege
_____			► Vermittlung von theoretischem Wissen mit Praxisbezug in Form von Kurzvorträgen ► Zielgruppe sind Mitarbeiter, die produkt- oder themenspezifisch geschult werden.
Webinar			
Event			

Arbeitsblatt 2

Blumeninsel Herne
Ihr Dekospezialist

Rechnung

Datum: 16.10.2___
Rechnung Nr. 65179

An

Sportina AG
Holsterhauser Straße 202
44625 Herne

Kunden-Nr.	Auftrag	Zahlungsbedingungen
122522	Telefonische Vereinbarung	30 Tage netto

Menge	Beschreibung	Preis pro Einheit	Summe der Positionen
2	Loorbeerbäume im Topf	20,00 €	40,00 €
10	Topfrosen klein im Glas	4,75 €	47,50 €
5	Kalanchoe klein mit Übertopf	4,25 €	21,25 €
15	Tischbänder	1,15 €	17,25 €
		Zwischensumme	126,00 €
		MwSt	23,94 €
		Summe	149,94 €

Vielen Dank für Ihre Bestellung!

Le Buffet

Rechnung

Ihr Partyservice

Datum: 16.10.2___
RECHNUNG NR. 290524

AN

Sportina AG
Holsterhauser Straße 202
44625 Herne

Kunden-Nr.	Liefertermin	Zahlungsbedingungen
243069	13. und 14.10.2____	Fällig bei Erhalt

Menge	Beschreibung	Preis pro Einheit	Summe der Positionen
200	Canapés Sortiment 6-fach sortiert	1,80 €	360,00 €
150	Gläser (inkl. Reinigung)	0,40 €	60,00 €
150	Dessertteller (inkl. Reinigung)	0,40 €	60,00 €
6	Mundservietten à 50 Stück	2,35 €	14,10 €
400	Grillwürste mit Brötchen	1,00	400,00 €
15	Prosecco Scavi & Ray Frizzante DOC	5,95 €	95,20 €
8	Weißwein Becker Grauer Burgunder QbA	5,80 €	46,40 €
5	Rotwein M. P. Merlot Primitivo	5,99 €	29,95 €
15	Mineralwasser Höllen Sprudel 20 a 0,25 l	7,79 €	116,85 €
10	Fanta Orange 24 Glasflaschen à 0,20 l	11,99 €	119,90 €
10	Coca Cola 24 Glasflaschen à 0,20 l	11,99 €	119,90 €
10	Apfel-Schorle naturell 24 à 0,25 l	11,99 €	119,90 €
20	Schultheiss Pils 10 Flaschen à 0,33 l	10,99 €	219,80 €
20	Schultheiss Radler 10 Flaschen à 0,33 l	10,99	219,80 €
5	Biertischgarnituren	6,50 €	6,50 €
1	Gasgrill 3-flammig	20,00 €	20,00 €
1	Pauschale für Grillpersonal	120,00 €	120,00 €
		Zwischensumme	2128,30 €
		MwSt.	404,37 €
		Summe	2.532,67 €

Rechnung

Veranstaltungstechnik

Datum 16.10.2____
Rechnung Nr. 10135

	AN:	LIEFERADRESSE
Next Veranstaltungstechnik Richard-Wagner-Straße 54 44651 Herne Telefon 02325 376533 Fax 02325 376534 E-Mail info@next.de	Sportina AG Holsterhauser Straße 202 44625 Herne Kundennummer 01243015	Sportina AG Holsterhauser Straße 202 44625 Herne

Auftrag	Versandart	Lieferbedingungen	Lieferdatum	Zahlungsbedingungen
01	Zustellung		13.10.	Fällig bei Erhalt

Menge	Artikelnummer	Beschreibung	Preis pro Einheit	Summe der Positionen
1	2200	Ansi Lumen Standardbeamer	49,00 €	49,00 €
1	1450	Verstärker Amplifier QSC RMX	29,00 €	29,00 €
2	6010A	Aktivboxen K162	24,50 €	49,00 €
				127,00 €
			MwSt. 19 %	24,13 €
			Gesamt	151,13 €

Vielen Dank für Ihre Bestellung!

Circus ohne Limit
Eventausstattung

RECHNUNG

Circus Icarus
Hochstraße 52
45894 Gelsenkirchen
Telefon: 0209 9776070
Telefax 0209 9776071
E-Mail: circus@event.de

DATUM: 16.10.2___
RECHNUNG NR. 140509

Rechnung an:
Sportina AG
Holsterhauser Straße 202
44625 Herne

Für:
Dienstleistung am 14.10.2___

BESCHREIBUNG	STUNDEN	SATZ	BETRAG
Hüpfburg von 10:00 Uhr bis 18:00 Uhr	8	40,00 €/Stunde	320,00 €
Jongleur 1 Person	8	60,00 €/Stunde	480,00 €
Jazzband von 12:00 Uhr bis 16:00 Uhr	4	130,00 €/Stunde	520,00 €
			1.320,00 €
		MwSt. 19 %	250,80 €
		GESAMT	**1.570,80 €**

Rechnung sofort nach Erhalt ohne Abzug fällig.

VIELEN DANK FÜR IHREN AUFTRAG!

Marc and Mike Sammet
Partyband & Coverband

RECHNUNG

Theodor-Heuss-Straße 27
47167 Duisburg
Telefon 0203 276530 Fax 0203 276534 E-Mail: marc-and-mike@sammet.de

DATUM: 16.10.2___
RECHNUNG NR. 8435

Rechnung an:
Sportina AG
Holsterhauser Straße 202
44625 Herne

Für:
Musikalische Unterhaltung am 13.10.2___

BESCHREIBUNG	STUNDEN	SATZ	BETRAG
Live-Musik 17:00 Uhr bis 23:00 Uhr	6	95,00 €	570,00 €
		MwSt. 19 %	108,30 €
		GESAMT	**678,30 €**

Gesamtbetrag fällig in 15 Tagen. Für überfällige Rechnungen wird eine Mahngebühr von 1% pro Monat berechnet.

VIELEN DANK FÜR IHREN AUFTRAG!

Arbeitsblatt 3

Bestuhlungsart	Einsatzzweck	Veranstalter		Teilnehmer	
		Vorteile	Nachteile	Vorteile	Nachteile

__________	Konferenz, Feierlichkeiten	gute Bewirtungsmöglichkeit, mittig Dekorationsmöglichkeit		gute Sicht auf alle Personen, komfortabler als Blockbestuhlung, keine Hierarchie	
	Tagungen, Konferenzen		aufwendig für Technik und Service, keine optimale Platzausnutzung		nicht teambildend, wenig Kommunikation, kaum flexibel
__________	für Feierlichkeiten, z. B. Gala-Diner, Hochzeiten u. Ä.	sehr gute Servicemöglichkeit, große Flexibilität			ungeeignet als Arbeitsfläche, Sicht auf manche Personen teilweise eingeschränkt
	Meetings, Diskussionsrunden mit mehreren Personen			sehr guter Sichtkontakt untereinander, Platz für Gedecke und Arbeitsmaterial	
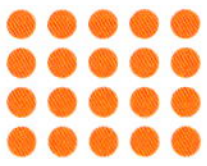		maximale räumliche Ausnutzung des Veranstaltungssaals, klare Sitzanordnung, sehr ökonomisch			teilweise unkomfortabel, keine Arbeitsmöglichkeit, schlechter Durchgang

Arbeitsblatt 4

Gerät/Hilfsmittel	Beschreibung
Beamer	Bei einem Beamer handelt es sich um ein Bildausgabegerät, der an einem Computer oder ein Notebook angeschlossen ist. Er wird für Präsentationen und Videos benutzt. Der Beamer projiziert das Computerbild im Großformat wie ein Projektor auf eine Fläche oder Leinwand.
Plasma-display	Dies ist ein Farb-Flachbildschirm, der in Veranstaltungsräumen als Wiedergabegerät für Präsentationen und Videos eingesetzt wird.
Panaboard/Smart-Board	
	Dies ist ein ______________________, der von Referenten häufig bei jeder Art von Präsentationen verwendet wird, um auf Inhalte hinzuweisen oder diese hervorzuheben. ______________ erzeugen einen intensiven Lichtstrahl, der auf der Präsentationsfläche als visueller farbiger Markierungspunkt erscheint.
Mikrofon und Lautsprecher	
	Das ______________________ ist ein DIN A1 Block, der auf einem entsprechenden Gestell montiert ist. Die Blätter können vorab gestaltet oder im Laufe des Vortrags beschriftet werden. ______________________ eignen sich besonders gut als Wiedergabefläche für Inhaltspunkte einer Präsentation oder zum Sammeln von Fragen oder Meinungen.
	Dies sind verschiedene Materialien, wie Moderationskarten in unterschiedlichen Formen und Größen (Rechtecke, Kreise und Ovale, Clusterkarten, Sonderformen), Moderationsstifte, Klebepunkte Pinnadeln und alles weitere, was zum Equipment für Moderation und Training benötigt wird.

Arbeitsblatt 5

Verkehrsmittel	Leistungs- und Servicemerkmale	Einsatzzweck
Mietwagen	► Mietwagenstandort ► sparsamer Benzinverbrauch ► CO_2-Ausstoß ► Firmentarife beachten ► Festmietpreise	
Carsharing	► ______ ► ______ ► ______ ► ______	► Alternative zum Mietwagen
Deutsche Bahn	**Günstige Fahrpreise und Rabatte:**	
	Sparpreisangebote: ______ ______ ______	
	BahnCard: ______ ______ **BahnCard 25:** ______ ______ ______ **BahnCard 50:** ______ ______ ______ **BahnCard 100:** ______ ______ ______	
	Businesstarife: **BahnCard 25/50:** ______ ______ ______ **BahnCard 100:** ______ ______ ______ **BonusCard Business:** ______ ______ ______	
	Sitzplatzreservierung: ______ ______ **Gepäckservice:** ______ ______ **Park & Rail:** ______ ______ **Rail & Fly:** ______ ______	

Verkehrsmittel	Leistungs- und Servicemerkmale	Einsatzzweck
Intercity (IC) **Eurocity (EC)**	► Qualitätszüge mit hoher Reisegeschwindigkeit und Komfort ► zuschlagpflichtige Verbindung ► verkehrt im 1- oder 2-StundenTakt ► Bord-Restaurant oder Bistro ► in der 1. Klasse Notebook-Steckdosen	
InterCityEx-press (ICE)	► ____ ► ____ ► ____ ► ____ ► ____ ► ____	► **höchster Komfort und Service** bei Reisen mit der Bahn, konzentriertes und entspanntes Arbeiten möglich ► Reservierung der Sitzplätze gleich mitbuchen
InterCityEx-press Sprinter	► ____ ► ____ ► ____ ► ____ ► ____	
Regional	► ____ ► ____	
Flugzeug	► ____ ► ____ ► ____ ► ____	
	Economy Class: ____ ____ ____ ____ **Business Class:** ____ ____ ____ ____ **First Class:** ____ ____ ____ ____	
	Check-in im Internet: ____ ____ ____	
	E-Ticket am Automaten: ____ ____ ____	

Arbeitsblatt 6

Geschäftsreise	Verkehrsmittel	Begründung
Frau Krüger reist für drei Tage nach Hamburg. Sie möchte dort zwei Kunden besuchen. Sie hat mehrere Produktkataloge, Preislisten und Warenmuster dabei.		
Frau Krüger plant eine Geschäftsreise in die USA. Sie besucht dort eine Messe und verschiedene Kunden, daher muss sie vor Ort mobil sein.		
Herr Klinger pflegt oft persönliche Kontakte bei den Hausbanken in Düsseldorf und Köln		
Frau Krüger will Messekontakte von der ISPO besuchen. Die Firmen befinden sich in Dortmund und Wuppertal.		
Die Sportina AG möchte die EDV-Konfiguration im Unternehmen komplett umstellen. Herr Seul besucht die Messe CeBiT in Hannover, um sich über Innovationen zu informieren.		
Frau Ringhausen besucht am Tag der offenen Tür die neue Filiale in Bochum. Sie transportiert mehrere Pakete mit aktuellem Prospektmaterial.		
Herr Maier und Frau Dräger besuchen ebenfalls die ISPO in München. Herr Sterner, wohnhaft in Bochum, möchte sich den beiden anschließen.		
Die Einladungen zum Tag der offenen Tür sollen in der Bochumer Innenstadt verteilt werden.		
Herr Lupinski, Außendienstmitarbeiter der Sportina AG, will in München mehrere Kunden besuchen.		
Frau Voß, Aufsichtsratsvorsitzende, besucht die Tochtergesellschaft in Brighton/ Großbritannien.		

Arbeitsblatt 7

An:	
Cc:	
Bcc:	
Betreff:	

Arbeitsblatt 8

Vervollständigen Sie die Tabelle:

Fahrtkosten	Verpflegungsmehraufwand	Übernachtungskosten	Nebenkosten
bei Benutzung des Privatfahrzeugs: ___ €/km ___ ___ ___ bei Benutzung des Firmenfahrzeugs: ___ ___ ___ bei Benutzung öffentlicher Verkehrsmittel: ___ ___ ___ ___ **Entfernungspauschale** Für ___ und ___ Fahrten zur ___ Arbeitsstätte können bei der jährlichen Steuererklärung mit ___ €/km der einfachen Wegstrecke geltend gemacht werden. Die ___ ___ ist nicht direkt dem Bereich der Reisekosten zuzuordnen.	Verpflegungsmehraufwendungen sind ___ ___ für die zusätzlichen ___ der Verpflegung auf Geschäftsreisen. Sie werden ___ abgerechnet und müssen nicht mit einem ___ nachgewiesen werden: **Inland** **Abwesenheit** | **Pauschbetrag** ___ | ___ ___ | ___ ___ | ___ **Ausland** **Besonderheiten:** ___ ___ ___ ___ ___ ___ ___ ___ ___ ___ ___ ___ ___ ___ ___	Die tatsächlichen Übernachtungskosten müssen ___ nachgewiesen werden. **Inland** ___ ___ ohne Einzelnachweis: ___ bei Hotelrechnung einschließlich Frühstück: ___ Mittag-/Abendessen: ___ Bei Hotelrechnung mit extra ausgewiesenem Frühstück: ___ ___ **Ausland** Die ___ Übernachtungskosten oder die ___ ___ für das jeweilige Land. Bei Hotelrechnung einschließlich Frühstück: ___ Mittag-/Abendessen: ___ ___	Dies sind Kosten einer Reise, die nicht zu den ___ ___ gehören. ___ ___ ___ ___ ___ ___ ___ **Eigenbeleg:** ___ ___ ___ ___ ___ ___

Arbeitsblatt 9

Airwings *nonstop everywhere*

Deutsche Airwings AG
Telefon +49 69 383639
Fax +49 69 386966

RECHNUNG

EMPFÄNGER:
Sportina AG
Holsterhauser Straße 202
44625 Herne
+49 2323 52765-70

VERSAND AN:
Rüdiger Klinger
Sportina AG
Holsterhauser Straße 202
44625 Herne
+49 2323 52765-70

	RECHNUNGS-NR.	BUCHUNGS-NR.	PASSAGIER	BUCHUNGSDATUM	ZAHLUNG
BUCHUNGSDETAILS	1303214518/1	3XQULJ	Rüdiger Klinger		Kreditkarte 15.01.20..

FLUGINFORMATIONEN	ABLFUG			ANKUNFT
22.01.20..	AW 2025 Airbus A321-100/200	Düsseldorf	07:30 Uhr	München F. J. Strauß 08:40 Uhr
25.01.20..	AW 6036 Airbus A320	München	14:55 Uhr	Düsseldorf 16:10 Uhr
Rechnungsdaten	**Bemerkungen**			**Betrag in €**
Flugpreis				116,28 €
Flughafengebühren				75,48 €
Luftverkehrssteuer				12,24 €
Gesamtflugpreis				**204,00 €**
Gepäckstück (1)				12,50 €
Kreditkartengebühr				9,50 €

GESAMTBETRAG	226,00 €
UMSATZSTEUER	36,08 €
VERSAND/BEARBEITUNG	0,00 €
FÄLLIGER BETRAG	**226,00 €**

Richten Sie Ihre Überweisung an Airwings.
Bei Fragen zu dieser Rechnung wenden Sie sich bitte an +49 69 383639 oder an info@airwings.com.

Visit us at
ISPO MUNICH
2016

Sportina AG
Holsterhauser Straße 202
44625 Herne

24. – 27. Januar 2016

79,00 € (inkl. 19 % USt)

Quittung Nr. 03-479

Betrag 25,00 € incl. MwSt 7 % Betrag 1,64 €

Betrag in Worten fünfundzwanzig

von Taxi Center, München

an

für Flughafen-Konrad-Zuse-Platz

Datum 22.01.20.. Ort München

Stempel/Unterschrift

i. A. Meierhöfer

Taxi Center
Haager Str. 7
81671 München
Tel: (089) 4484545
USt-ID-Nr. 17/444/01417

Arbeitsblatt 9

Quittung Nr. *03-523*

Betrag *27,00* € incl. MwSt *7* % Betrag *1,77* €

Betrag in Worten *siebenundzwanzig*

von *Taxi Center, München*

an

für *Messegelände - Flughafen*

Datum *25.01.20..* Ort *München*

Stempel/Unterschrift

i. A. Meierhöfer

Taxi Center
Haager Str. 7
81671 München
Tel: (089) 4484545
USt-ID-Nr. 17/444/01417

ARMADA Hotel & Conference Center
München Messe

ARMADA Hotel, Konrad-Zuse-Platz 14, 81829 München

Sportina AG
Holsterhauser Straße 202
44625 Herne

Bitte bei Zahlung angeben
Kundennummer: 2537610
Rechnungsnummer: 0003946

Name: Sabine Reith
Telefon: +49 89 9376030
Telefax: +49 89 93700310
E-Mail: arama.messe@hotels.com

Datum: 25.01.20..

Rechnung 0003946

Ankunft: 22.01.20.. **Abreise** 25.01.20.. **Zimmer:** 1 **Personen:** 1

Datum	Menge	Leistung
22.01.20..	3	1 Einzelzimmer und Business-Paket Endpreis lt. Angebot 150,00 /Nacht/Zimmer

	USt.-Code	Einzelpreis	Gesamtpreis
Aufteilung Endpreis wie folgt:			
1 Übernachtung	7%	120,00 €	360,00 €
1 Business-Paket (WLAN, Frühstück, Messeservice)	19 %	20,00 €	60,00 €
Rechnungsbetrag inklusive Umsatzsteuer – Aufteilung siehe unten			**420,00 €**

Aufteilung der Netto- und USt.-Beträge	**Netto**	**USt.**	**Brutto**
Beträge mit 0 % USt.	0,00 €	0,00 €	0,00 €
Beträge mit 7 % USt. 360,00 €	336,45 €	23,55 €	360,00 €
Beträge mit 19 % USt. 90,00 €	50,42 €	9,58 €	60,00 €
Summen	**386,87 €**	**33,13 €**	**420,00 €**

Arbeitsblatt 10

Reisekosten

SPORTINA AG

Name	Rüdiger Klinger	Personalnummer	
E-Mail	ruediger.klinger@sportina.de	Abteilung	Vorstand
Zweck	Händlertagung und ISPO München/22.01. - 25.01.	Genehmigt von	

Datum	**Uhrzeit**	**Stunden**	**Aufgewendet für**
22.01.	05:30 Uhr	18,5	Anreise München
23.01.		24	Händlertagung München
24.01.		24	ISPO München
25.01.	18:30 Uhr	18,5	ISPO München

Kostenart	**Datumsangaben**	**Details**				**Betrag**
Fahrten	22.01.	☒ Flugzeug	☐ Taxi	☐ Mietwagen	☐ Andere	226,00 €
	22.01.	☐ Flugzeug	☒ Taxi	☐ Mietwagen	☐ Andere	25,00 €
	25.01.	☐ Flugzeug	☒ Taxi	☐ Mietwagen	☐ Andere	27,00 €
		☐ Flugzeug	☐ Taxi	☐ Mietwagen	☐ Andere	
eigenes Fahrzeug		Reisekilometer ____________ • 0,30 € Fahrtkostenpauschale				0,00 €

Übernachtung	**Datumsangaben**	**Übernachtungskosten**	**Verpflegungspauschale**	**Kürzung**	**Zweck**	
	22.01.	120,00 €	12,00 €			132,00 €
	23.01.	120,00 €	24,00 €			144,00 €
	24.01.	120,00 €	24,00 €			144,00 €
	25.01.		24,00 €			144,00 €
Summe						

Nebenkosten	**Datumsangaben**	**Kostenart (bitte Beleg anhängen und nummerieren)**	
	24.01.	Eintrittskarte ISPO	79,00 €
	25.01.	Businesspaket	60,00 €
Summe			

Zwischensumme	981,00 €
Abzüglich des vom Unternehmen bereits übernommenen Betrags bzw. Reisekostenvorschuss	
Gesamtauszahlungsbetrag für den Mitarbeiter	981,00 €

Unterschrift	Datum

Verpflegungspauschalen (jeweils von 00:00 Uhr - 24:00 Uhr):

- 12 € bei > 8 Stunden Abwesenheit eintägiger Reisen
- 12 € für An-/Abreisetage mehrtägiger Dienstreisen
- 24 € bei ganztägiger Abwesenheit

Bei erhaltenen Verpflegungen durch Arbeitgeber sind diese Sätze zu kürzen, und zwar jeweils um:

Frühstück: 4,80 €

Mittag/Abendessen: je 9,60 €

Beispiel, Verpflegung und Fahrtkosten:

3 Tage unterwegs, Montag um 17:00 Uhr losgefahren, Dienstag ganztägig vor Ort, Mittwoch 15:00 Uhr zurück. Dienstag und Mittwoch Frühstück auf Hotelrechnung. 120 km je Strecke mit eigenem Pkw gefahren.

Verpflegung = 38,40 €
2 • 12 € (Mo. und Mi.) + 1 • 24 € (Di.) - 2 • 4,80 € (Frühstück)

Fahrtkosten = 72 €
2 • 120 km • 0,30 €

Bitte fügen Sie Belege für alle aufgelisteten Kosten an, unterschreiben Sie das Formular, und senden Sie es an die Buchhaltungsabteilung.

Arbeitsblatt 11

Beleg 1

Scandic Hamburg

Dammtorwall 19
20355 Hamburg
Telefon: +49 40 4321 870
Fax: +49 40 4321 87 499
E-Mail: hamburg@scandichotels.com

Rechnungsnr. **16-251127**

Kunde	
Name	Sportina AG
Adresse	Holsterhauser Straße 202
Ort	Herne — Bundesland NRW — PLZ 44625
Telefon	02323 52765-0

Sonstiges	
Datum	19.03.20..
Auftragsnr.	
Rep	
FOB	

Menge	Beschreibung		Einzelpreis	GESAMT
2	Übernachtung	7 %	111,00 €	222,00 €
2	Frühstück	19 %	12,00 €	24,00 €
1	Minibar	19 %	6,50 €	6,50 €
3	Parken - Tiefgarage	19 %	8,50 €	25,50 €

Zwischensumme		278,00 €
Netto-Beträge mit 7 % USt.		207,48 €
Netto-Beträge mit 19 % USt.		47,06 €
Summe Netto-Beträge		**254,54 €**
enthaltene Umsatzsteuer:	7%	14,52 €
	19%	8,94 €
	Summe USt	**23,46 €**
	GESAMT	**278,00 €**

Zahlung Kreditkarte

Kommentare
Name Martina Krüger
Kreditkartennr. 0084 3679 4832 1546
gültig bis Apr 20

Wir danken für Ihren Besuch!

Beleg 2

Eigenbeleg

Parkgebühr Hamburg
Dammtorwall 19
20355 Hamburg
17.03.20..

5,00 €

Martina Krüger, Herne
20.03.20..

Arbeitsblatt 11

Beleg 3

BEWIRTUNGSBELEG

Rechnungsnummer: 241869

Name der Gaststätte:

Restaurant Nieul
Neuer Pferdemarkt 24
20359 Hamburg

Anschrift:

Tag der Bewirtung: 18.03.20..

Umsatzsteuer - ID.:

Bewirtete Personen:	**Speisen und Getränke:**		**Betrag:**
Andreas Kunath	Menü 1		25,37 €
Harald Wieseler	Menü 2		28,73 €
Dörte Jaschke	Menü 1		25,37 €
Martina Krüger	Menü 4		27,47 €
	2 x 0,75 l	Tafelwasser	7,56 €
	2 x	Cappuccino	4,71 €
	2 x	Espresso	3,70 €
	1 x 0,75 l	Weißwein	14,29 €
Trinkgeld: 6,50 €			

Anlass der Bewirtung:		**Netto-Betrag**	137,20 €
Ort, Datum: *19.03.20..*	**Unterschrift:** *M. Krüger*	**MwSt (19%)**	26,07 €
		Butto-Betrag	163,27 €
		Gesamt	169,77 €

Beleg 4

ARAL-Tankstelle

St.Nr. 74/878/0559
Rödingsmarkt 14
20459 Hamburg
Tel. 040/37501166
Fax 040/37501168

00003 Diesel 83,65 EUR A
p 11 60,66 l 1,379 EUR/l

Gesamtbetrag 83,65 EUR

Beleg 5

ARAL Tankstelle

Hollerdorfer GmbH
Tankstellen-Nr.: 0120972120

Tel: 02323 241869

Beleg-Nr. 3571/001/00001
StNr. Station : 4022888078
StNr. Gesellschaft : (27/151/00447)

000012 ultimate 100 72,00 EUR A
*Zp 02 45,03 l 1,599 EUR/l *

Gesamtbetrag 72,00 EUR

Typ	Netto	Mwst	Brutto
A:19,00%	60,50	11,50	72,00

Arbeitsblatt 12

Reisekosten

SPORTINA AG

Name		Personalnummer	
E-Mail		Abteilung	
Zweck		Genehmigt von	

Datum	Uhrzeit	Stunden	Aufgewendet für

Kostenart	Datumsangaben	Details				Betrag
Fahrten		☐ Flugzeug	☐ Taxi	☐ Mietwagen	☐ Andere	
		☐ Flugzeug	☐ Taxi	☐ Mietwagen	☐ Andere	
		☐ Flugzeug	☐ Taxi	☐ Mietwagen	☐ Andere	
		☐ Flugzeug	☐ Taxi	☐ Mietwagen	☐ Andere	
eigenes Fahrzeug		Reisekilometer ____ • 0,30 € Fahrtkostenpauschale				

Übernachtung	Datumsangaben	Übernachtungskosten	Verpflegungspauschale	Kürzungen	

Nebenkosten	Datumsangaben	Kostenart (bitte Beleg anhängen und nummerieren)	

Zwischensumme	
Abzüglich des vom Unternehmen bereits übernommenen Betrags bzw. Reisekostenvorschuss	
Gesamtauszahlungsbetrag für den Mitarbeiter	

Unterschrift	Datum

Verpflegungspauschalen (jeweils von 00:00 Uhr - 24:00 Uhr):

- 12 € bei > 8 Stunden Abwesenheit eintägiger Reisen
- 12 € für An-/Abreisetage mehrtägiger Dienstreisen
- 24 € bei ganztägiger Abwesenheit

Bei erhaltenen Verpflegungen durch Arbeitgeber sind diese Sätze zu kürzen und zwar jeweils um:

Frühstück: 4,80 €
Mittag/Abendessen: je 9,60 €

Kilometerpauschale: Bei Fahrten im eigenen Pkw 0,30 € je gefahrener Kilometer ansetzen

Beispiel, Verpflegung und Fahrtkosten:

3 Tage unterwegs, Montag um 17:00 Uhr losgefahren, Dienstag ganztägig vor Ort, Mittwoch 15:00 Uhr zurück. Dienstag und Mittwoch Frühstück auf Hotelrechnung. 120 km je Strecke mit eigenem Pkw gefahren.

Verpflegung = 38,40 €
2 • 12 € (Mo. und Mi.) + 1 • 24 € (Di.) - 2 • 4,80 (Frühstück)

Fahrtkosten = 72 €
2 • 120 km • 0,30 €

Bitte fügen Sie Belege für alle aufgelisteten Kosten an, unterschreiben Sie das Formular, und senden Sie es an die Buchhaltungsabteilung.

Arbeitsblatt 13

Reisekostenabrechnung

SPORTINA AG

Name:		**Personalnummer:**	
Reisezweck:		**Abteilung:**	
Reisekostenvorschuss:			

Datum tt.mm.jj	Beginn hh:mm	Ende hh:mm	Stunden gesamt	Besuchte Orte/Hotel	Verpflegungskosten		Übernachtungskosten		km	Fahrtkosten		Nebenkosten lt. Beleg	Gesamt
					pauschal	tatsächlich	pauschal	tatsächlich		pauschal	tatsächlich		
			0:00										
			Gesamt:		- €	- €	- €	- €		- €	- €	- €	- €

Verpflegungsmehraufwand:	> 8 St. Abwesenheit	12,00 €
	An- und Abreisetag bei mehrtägigen Dienstreisen	12,00 €
	bei ganztägiger Abwesenheit	24,00 €
Verpflegungspauschale:	Frühstück:	4,80 €
	Mittag/Abendessen je:	9,60 €
Fahrtkosten:	bei Nutzung des Privat-Pkw pro gefahrener Kilometer	0,30 €

Auszahlungsbetrag:	**0,00 €**

Datum:

Unterschrift:

Arbeitsblatt 14

useful vocabulary	
Deutsch	
Doppelzimmer	
Einzelzimmer	
Klimaanlage	
Nichtraucherzimmer	
Zimmerservice	
mit Bad/Dusche und WC	
mit Balkon	
ein ruhiges Zimmer	
kostenlose Parkplätze	
Währungsumtausch	
Schließfach/Safe	
kabelloser Internetzugang	
Frühstück	
Hotelbuchung schriftlich bestätigen	
zusätzliche Gebühren	
Zahlungsmöglichkeiten	
Kreditkarte	
Anzahlung	
Mietwagen im Hotel buchen	
Sollten Sie keine Zimmer mehr frei haben ...	
ein geeignetes Hotel in der Nähe	

Arbeitsblatt 14

Booking a hotel – ein Hotelzimmer buchen

Guten Tag, mein Name ist ...... von der Sportina AG in Herne/Deutschland
Ich möchte für die Zeit vom 28. April bis 5. Mai ein Nichtraucher-Einzelzimmer für Frau Martina Krüger reservieren.
Ich benötige ein ruhiges Zimmer mit Klimaanlage, Schließfach, Dusche/Bad und WC .
Ist im Hotel kabelloser Internetzugang vorhanden?
Bitte nennen Sie mir Ihren Preis und ob dieser inklusive Frühstück ist.
Welche Zahlungsmöglichkeiten gibt es in Ihrem Hotel?
Welche Kreditkarten akzeptieren Sie?
Besteht die Möglichkeit, in Ihrem Hotel einen Mietwagen zu buchen und Währung zu tauschen?
Sollten Sie keine Zimmer mehr frei haben, können Sie mir die Adresse eines geeigneten Hotels in der Nähe nennen?
Fallen noch zusätzliche Gebühren an?
Bitte bestätigen Sie mir die Hotelbuchung so schnell wie möglich an folgende E-Mail-Adresse: info@sportina.de
Auf Wiederhören.

Lernfeld 13 Ein Projekt planen und durchführen

Im dritten Jahr Ihrer Ausbildung verfügen Sie über alle notwendigen Kompetenzen, um selbstständig komplexe Aufgaben zu lösen. Sie sind momentan im Bereich „Personal/Ausbildung“ eingesetzt und werden von der Abteilungsleitung damit beauftragt, mit einem Projektteam ein Konzept für eine Lernplattform (Azubiblog) zu erstellen.

Von Ihrer Ausbilderin erhalten Sie dazu eine E-Mail:

Azubi-Projekt

Marion von Seebach
An: Marina Krimmel 09:48

Hallo Frau Krimmel,

wie bereits „angedroht“, sende ich Ihnen hier nochmal die Einzelheiten zum Azubi-Projekt, das von der Unternehmensleitung beauftragt wurde.

- Für das Projekt erhalten Sie ein Gesamtbudget von 10.000 €.
- In zwölf Wochen sollte das Projekt präsentationsreif fertiggestellt sein.
- Stellen Sie sich Ihr Projektteam bitte selbstständig zusammen, die Verantwortung liegt in Ihrem Bereich.

Weitere Einzelheiten besprechen wir jeweils, wenn es soweit ist.

Haben Sie noch Fragen?

Viel Spaß beim Planen und liebe Grüße

Marion von Seebach
Ausbilderin

MEDIEN

Sofern zur Lösung der einzelnen Lernsituationen und deren Lernjobs Arbeitsblätter verwendet werden, sind diese am Ende des Lernfelds abgedruckt. Darüber hinaus stehen sie in Kiehl DIGITAL zum kostenfreien Download bereit.

Lernsituation 1: Allgemeine Grundlagen des Projektmanagement

Infoband 3, LF 13, Kap. 1.

Folgende Kompetenzen können Sie in dieser Lernsituation erwerben:				
Ich kann ...				
ein Projekt nach DIN 69901 definieren.				
interne und externe Projekte voneinander unterscheiden.				
Projekte und Routinetätigkeiten voneinander unterscheiden.				
Projektmerkmale nennen.				
die Inhalte eines Projektantrags nennen.				
einen Projektantrag mithilfe von Word als Online-Formular erstellen und ausfüllen.				
unterschiedliche Vorgehensmodelle bei Projekten beschreiben.				
mein Projekt in einem Vorgehensmodell darstellen.				

Ihre Ausbilderin spricht, während sie Ihnen den Auftrag erteilt, ständig von einem „Projekt“. Sie sind sich jedoch gar nicht so sicher, ob es sich bei dieser Aufgabe tatsächlich um ein echtes Projekt im Sinne der DIN 69901 handelt. Deshalb informieren Sie sich zunächst darüber, wie Projekte genau definiert werden.

Lernjob 1 Ein Projekt definieren

Informieren Sie sich darüber, wie Projekte nach DIN 69901 definiert werden und erstellen Sie aus dieser Definition heraus eine Checkliste, die es Ihnen zukünftig erleichtert, Projekte von Routineaufgaben zu unterscheiden.

Lernjob 2 Einen Projektantrag stellen

Da es für Ihr Projekt keinen unterschriebenen Projektantrag gibt, erstellen Sie diesen Antrag selbst und lassen ihn anschließend von dem Auftraggeber unterschreiben.

a) Da noch keine Projektanträge in digitaler Form vorhanden sind, erstellen Sie zunächst ein Online-Formular und speichern es als Vorlage.

b) Füllen Sie anschließend den fertigen Projektantrag weitestgehend aus. Welche Informationen fehlen Ihnen noch?

Arbeitsblatt 1

Lernjob 3 Vorgehensmodelle bei Projekten unterscheiden können

Um Ihren Projektablauf zu visualisieren, erstellen Sie mithilfe eines Vorgehensmodells ein übersichtliches Plakat. Informieren Sie sich dazu über unterschiedliche Vorgehensmodelle wie

- 4-Phasen-Modell
- Wasserfallmodell
- V-Modell
- Spiralmodell

und entscheiden Sie sich anschließend für das geeignetste Modell.

Haben Sie folgende Kompetenzen in dieser Lernsituation erworben?				
Ich kann ...				
ein Projekt nach DIN 69901 definieren.				
interne und externe Projekte voneinander unterscheiden.				
Projekte und Routinetätigkeiten voneinander unterscheiden.				
Projektmerkmale nennen.				
die Inhalte eines Projektantrags nennen.				
einen Projektantrag mithilfe von Word als Online-Formular erstellen und ausfüllen.				
unterschiedliche Vorgehensmodelle bei Projekten beschreiben.				
mein Projekt in einem Vorgehensmodell darstellen.				

Reflexion des Lernerfolgs:

Stellen Sie sich am Ende dieser Lerneinheit folgende Fragen:

Was waren die Inhalte der Lerneinheit? Was ist mir gelungen/was nicht? Warum ist es mir gelungen/nicht gelungen? Welche Methoden/Vorgehensweisen haben mir besonders gut gefallen?

Lernsituation 2: Die Beteiligten eines Projekts

Infoband 3, LF 13, Kap. 2.

Folgende Kompetenzen können Sie in dieser Lernsituation erwerben:	👍	👌	🤏	👎
Ich kann ...				
die Beteiligten eines Projekts nennen und deren Aufgaben erläutern.				
unterschiedliche Teamrollen charakterisieren.				
den Teamentwicklungsprozess darstellen.				
eigene Teamregeln definieren.				
verschiedene Organisationsmodelle im Projektmanagement unterscheiden.				
unterschiedliche Kommunikationsbeziehungen im Projekt erläutern.				
interne und externe Kommunikationsmöglichkeiten in einem Projekt nennen.				

Der Abteilungsleiter bittet Sie, ihm ein Konzept für die mögliche Besetzung Ihres Projektteams vorzulegen, aus dem hervorgeht, welche Qualifikationen Sie in Ihrem Team benötigen.

Lernjob 1 Mögliche Projektbeteiligte unterscheiden können

In Ihrem Projektantrag müssen Sie mögliche Projektbeteiligte benennen. Unterscheiden Sie für Ihr Projekt die Beteiligten

- Auftraggeber
- Lenkungsausschuss
- Projektleiter
- Projektteam.

Stellen Sie die Abhängigkeiten bzw. Zusammenhänge in einem Lernbild dar.

Lernjob 2 Ein Projektteam zusammenstellen

Erstellen Sie für den Abteilungsleiter eine Auflistung möglicher Personen, die Sie für die Durchführung Ihres Projekts benötigen. Gehen Sie dabei auf Hard- bzw. Softskills dieser Personen genauer ein.

Infoband 1, LF 1

Lernjob 3 Teamregeln definieren und einen Teamvertrag erstellen

Nachdem Sie Ihr Projektteam erfolgreich zusammengestellt haben, findet ein erstes Teamtreffen statt. Hier wollen Sie das Team über den Teamentwicklungsprozess informieren und bereits einen ersten Teamvertrag erstellen.

a) Bereiten Sie eine PowerPoint-Präsentation über den Teamentwicklungsprozess vor. Gehen Sie dabei sowohl auf die einzelnen Phasen der Teamentwicklung, als auch auf Maßnahmen zur Teamförderung ein.

b) Erstellen Sie einen Teamvertrag mit möglichen Teamregeln.

Arbeitsblatt 2

Lernjob 4 Projektorganisationen unterscheiden können

Ihr Abteilungsleiter ist sich nicht sicher, ob er die von Ihnen geforderten Teammitglieder für die Dauer des Projekts an das Projekt „ausleihen“ möchte. Er bittet Sie, ihm mögliche Organisationsformen für Ihr Projekt vorzustellen und ihm sowohl Vor- als auch Nachteile dieser Organisationsformen als Entscheidungshilfe aufzulisten.

a) Informieren Sie sich über mögliche Projektorganisationen.

b) Erarbeiten Sie für Ihren Teamleiter eine Dokumentation dieser Formen. Welche Dokumentationsform Sie wählen (Präsentation, Bericht, Vergleichsmatrix usw.) ist Ihnen überlassen.

Lernjob 5 Kommunikation im Projekt fördern

Aus Ihrer Erfahrung in den letzten zwei Jahren Ihrer Ausbildung haben Sie erkannt, dass Kommunikation nicht immer schnurgerade verläuft und die größten Fehlerquellen in der mangelnden Kommunikation untereinander liegen.

Erstellen Sie ein Plakat mit Kommunikationsregeln für die interne und externe Projektkommunikation.

Infoband 2, LF 7

Haben Sie folgende Kompetenzen in dieser Lernsituation erworben?				
Ich kann ...				
die Beteiligten eines Projekts nennen und deren Aufgaben erläutern.				
unterschiedliche Teamrollen charakterisieren.				
den Teamentwicklungsprozess darstellen.				
eigene Teamregeln definieren.				
verschiedene Organisationsmodelle im Projektmanagement unterscheiden.				
unterschiedliche Kommunikationsbeziehungen im Projekt erläutern.				
interne und externe Kommunikationsmöglichkeiten in einem Projekt nennen.				

Reflexion des Lernerfolgs:

Stellen Sie sich am Ende dieser Lerneinheit folgende Fragen:

Was waren die Inhalte der Lerneinheit? Was ist mir gelungen/was nicht? Warum ist es mir gelungen/nicht gelungen? Welche Methoden/Vorgehensweisen haben mir besonders gut gefallen?

Lernsituation 3: Der Projektstart

Infoband 3, LF 13, Kap. 3.

Folgende Kompetenzen können Sie in dieser Lernsituation erwerben:				
Ich kann ...				
erläutern, was sich hinter dem Begriff „SMART“ im Zusammenhang mit der Zieldefinition verbirgt.				
Projektziele SMART definieren.				
unterschiedliche Stakeholder benennen.				
Stakeholder nach internen und externen Stakeholdern unterscheiden.				
Stakeholder mithilfe von Kreativitätstechniken ermitteln.				
eine Stakeholderanalyse durchführen.				
erläutern, warum ein Risikomanagement für Projekte wichtig ist.				
mögliche Projektrisiken nennen.				
Projektrisiken nach Wahrscheinlichkeit und Schadenauswirkung klassifizieren.				
Projektrisiken in einer Risikomatrix grafisch darstellen.				
einen Maßnahmenplan ableiten.				
eine Teilnehmerliste für das Kick-off-Meeting aufstellen.				
Ziele einer Kick-off-Veranstaltung nennen.				
einen Ablaufplan für eine Kick-off-Veranstaltung aufstellen.				
die Planung der Kick-off-Veranstaltung begründen.				

Das Projektteam ist gebildet und die wesentlichen Rahmenbedingungen Ihres Projekts sind Ihnen bekannt. Nun können Sie mit dem eigentlichen Projekt starten. Um alle Projektteilnehmer bei einem Kick-off-Meeting auf das Projekt einzustimmen und alle wichtigen Details bekannt zu geben, bereiten Sie nun zunächst konkretere Ziele, die Umfeldanalyse und die Risikoanalyse vor.

Lernjob 1 Projektziele SMART definieren

Für Ihren Projektantrag benötigen Sie noch genauer definierte Projektziele, aus denen Sie anschließend wichtige Meilensteine ableiten. Formulieren Sie drei Projektziele SMART!

a) Entwerfen Sie eine Vorlage, die Ihnen hilft, SMARTE Ziele zu formulieren.

b) Bereiten Sie die Ziele so auf, dass Sie im Kick-off-Meeting präsentiert werden können!

Arbeitsblatt 3

Lernjob 2 Eine Umfeld-/Stakeholderanalyse vornehmen

Sie haben bereits im Vorfeld des Projekts einige negative Stimmen in Ihrem direkten Umfeld wahrgenommen, die Sie sich notiert haben:

Infoband 1, LF 1

- *Wer überprüft denn, ob das Wissen auf dieser Plattform auch stimmt? Man hört ja immer wieder, dass auch blödes Zeug auf Lernplattformen kursiert. (Mitarbeiter)*
- *Wieder etwas, mit dem uns die Ausbilder quälen können. (Azubi)*
- *Eine solche Lernplattform ist ein enormer Kostenfaktor. (Controlling)*
- *Bleibt denn der Datenschutz dadurch gewahrt?? Ich weiß ja nicht ... (Betriebsrat)*

Im Kick-off-Meeting wollen Sie diese Kritikpunkte aufnehmen und sie in einer Umfeldanalyse vorstellen.

a) Ermitteln Sie in Ihrer Lern-/Arbeitsgruppe mithilfe von Kreativitätstechniken mögliche Stakeholder, die Ihr Projektvorhaben beeinflussen könnten.

b) Untersuchen Sie anschließend Betroffenheit, Macht und Interesse dieser Stakeholder genauer.

c) Prognostizieren Sie mögliche Verhaltensweisen der ermittelten Stakeholder und planen Sie Maßnahmen, mit denen Sie auf mögliche Widerstände der Stakeholder reagieren können.

Stellen Sie Ihre Analyse entweder in einer Tabelle oder einer Ringgrafik visuell dar und markieren Sie mit Farben den Betroffenheitsgrad.

Lernjob 3 Risikoquellen vorab ermitteln und einen Risikoplan erarbeiten

Sie wollen unbedingt, dass dieses Projekt ein Erfolg wird (auch, um Ihren guten Ruf im Unternehmen zu erhalten). Deshalb ist es für Sie besonders wichtig, mögliche Projektrisiken in Ihre Planung einzubeziehen. Aus der Theorie kennen Sie den Begriff „Risikomanagement".

a) Identifizieren Sie im Team mögliche Risikofaktoren. Nutzen Sie hierfür die Ihnen bekannten Kreativitätstechniken.

b) Analysieren Sie die von Ihnen ermittelten Risikofaktoren nach Eintrittswahrscheinlichkeit und Schadenausmaß. Nutzen Sie dafür eine Risikomatrix.

c) Planen Sie Maßnahmen zur Behandlung der ermittelten Risiken.

Lernjob 4 Das Kick-off-Meeting vorbereiten

Nachdem Sie alle Planungen abgeschlossen haben, wird es Zeit für das Kick-off-Meeting. Auf dieser Veranstaltung wollen Sie das Projektziel allen Projektbeteiligten vorstellen, die Projektbeteiligten motivieren, die Beteiligten über Risiken und Umfeldanalyse informieren und erste Abstimmungen untereinander im Projektteam stattfinden lassen.

Infoband 1, LF 12

a) Erstellen Sie eine Liste aller Personen (oder Personenkreise), die Sie gerne einladen würden. Priorisieren Sie diese Liste zusätzlich nach Muss- und Kann-Teilnehmern.

b) Planen Sie die Veranstaltung entsprechend. Dazu erstellen Sie eine Mindmap, in der Sie deutlich machen,
   1. wie lange die Veranstaltung dauern soll.
   2. wo die Veranstaltung stattfinden soll.
   3. welche Tagesordnungspunkte vorgesehen sind.
   4. ob ein Rahmenprogramm die Veranstaltung ergänzen wird.

c) Stellen Sie die Mindmap im Plenum vor und begründen Sie Ihre Planung.

Haben Sie folgende Kompetenzen in dieser Lernsituation erworben?	👍	👌	🤏	👎
Ich kann ...				
erläutern, was sich hinter dem Begriff „SMART" im Zusammenhang mit der Zieldefinition verbirgt.				
Projektziele SMART definieren.				
unterschiedliche Stakeholder benennen.				
Stakeholder nach internen und externen Stakeholdern unterscheiden.				
Stakeholder mithilfe von Kreativitätstechniken ermitteln.				
eine Stakeholderanalyse durchführen.				
erläutern, warum ein Risikomanagement für Projekte wichtig ist.				
mögliche Projektrisiken nennen.				
Projektrisiken nach Wahrscheinlichkeit und Schadenauswirkung klassifizieren.				
Projektrisiken in einer Risikomatrix grafisch darstellen.				
einen Maßnahmenplan ableiten.				
eine Teilnehmerliste für das Kick-off-Meeting aufstellen.				
Ziele einer Kick-off-Veranstaltung nennen.				
einen Ablaufplan für eine Kick-off-Veranstaltung aufstellen.				
die Planung der Kick-off-Veranstaltung begründen.				

Reflexion des Lernerfolgs:

Stellen Sie sich am Ende dieser Lerneinheit folgende Fragen:

Was waren die Inhalte der Lerneinheit? Was ist mir gelungen/was nicht? Warum ist es mir gelungen/nicht gelungen? Welche Methoden/Vorgehensweisen haben mir besonders gut gefallen?

Lernsituation 4: Die Projektplanung

Infoband 3, LF 13, Kap. 4.

Folgende Kompetenzen können Sie in dieser Lernsituation erwerben:	👍	👌	✊	👎
Ich kann ...				
Aufgaben und Arbeitspakete innerhalb eines Projekts unterscheiden.				
zentrale Fragestellungen für ein Projekt erkennen und ausformulieren.				
Aufgaben und Arbeitspakete erstellen.				
einen Projektstrukturplan skizzieren.				
die Funktionen eines Projektablaufplans erläutern.				
Projektstrukturplan und Projektablaufplan voneinander unterscheiden.				
wichtige Fragen zur Termin- und Zeitplanung stellen.				
die Wichtigkeit von Pufferzeiten begründen.				
Ressourcen projektabhängig definieren.				
verschiedene Ressourcen der entsprechenden Ressourcen-Gruppe zuordnen.				
verschiedene Ressourcen-Gruppen unterscheiden.				
zu erwartende Kostenfaktoren einschätzen.				

Im Vorfeld des anstehenden Projekts haben Sie bereits einige Aufgaben erledigt. Das Projektteam für die Erstellung der Lernplattform ist gebildet, das Projekt selbst ist definiert und die Projektziele wurden SMART formuliert. Nun gilt es, die Projektplanung im Detail zu erstellen.

Lernjob 1 Ein Projekt in Arbeitspakete unterteilen

Sie haben sich in Lernsituation 1, Lernjob 3 mit dem Projektablauf befasst und diesen auch bereits grafisch dargestellt.

a) Unterscheiden Sie Aufgaben und Arbeitspakete innerhalb eines Projekts.

b) Formulieren Sie zehn zentrale Fragen, die Sie sich für das Projekt „Erstellung einer Lernplattform" im Vorfeld stellen müssen.

c) Legen Sie für die Erstellung der Lernplattform Aufgaben und Arbeitspakete fest.

d) Skizzieren Sie einen Projektstrukturplan für das Projekt „Erstellung einer Lernplattform".

Lernjob 2 Einen Ablaufplan gestalten

Ihre Mitauszubildende fragt Sie, ob auch ein Ablaufplan für das Projekt „Erstellung einer Lernplattform" benötigt wird und was es mit diesem auf sich hat.

a) Erläutern Sie die Funktionen eines Projektablaufplans und stellen Sie einen wesentlichen Unterschied zum Projektstrukturplan heraus.

b) Im Rahmen der Projektarbeit haben Sie zur Umsetzung des Projekts als zeitliche Vorgabe zwölf Wochen erhalten. Formulieren Sie jeweils sechs wichtige Fragen im Rahmen der Zeit- und Terminplanung.

c) Welche Rolle spielen Pufferzeiten für Ihr Projekt? Begründen Sie Ihre Antwort.

Lernjob 3 Ressourcen definieren und Kostenfaktoren erkennen

Für die Umsetzung des Projekts wurde Ihnen aufgetragen, sich mit den benötigten Ressourcen auseinanderzusetzen.

a) Welche Ressourcen werden für das Projekt „Erstellung einer Lernplattform" konkret benötigt?

b) Unterscheiden Sie:
- finanzielle Ressourcen
- humane Ressourcen
- organisatorische Ressourcen
- physische Ressourcen
- technologische Ressourcen.

c) Bei der Umsetzung des Projekts „Erstellung einer Lernplattform" steht Ihnen ein Budget in Höhe von 10.000 € zur Verfügung. Überlegen Sie, für welche Faktoren Kosten zu erwarten sind und warum diese mit eingeplant werden müssen.

d) Diskutieren Sie mit Ihrem/Ihren Mitauszubildenden, welche Schritte im Rahmen der Kostenplanung Ihres Projekts anfallen. Erstellen Sie einen konkreten Kostenplan (z. B. in Excel).

Haben Sie folgende Kompetenzen in dieser Lernsituation erworben?	👍	👌	🤏	👎
Ich kann ...				
Aufgaben und Arbeitspakete innerhalb eines Projekts unterscheiden.				
zentrale Fragestellungen für ein Projekt erkennen und ausformulieren.				
Aufgaben und Arbeitspakete erstellen.				
einen Projektstrukturplan skizzieren.				
die Funktionen eines Projektablaufplans erläutern.				
Projektstrukturplan und Projektablaufplan voneinander unterscheiden.				
wichtige Fragen zur Termin- und Zeitplanung stellen.				
die Wichtigkeit von Pufferzeiten begründen.				
Ressourcen projektabhängig definieren.				
verschiedene Ressourcen der entsprechenden Ressourcen-Gruppe zuordnen.				
verschiedene Ressourcen-Gruppen unterscheiden.				
zu erwartende Kostenfaktoren einschätzen.				

Reflexion des Lernerfolgs:

Stellen Sie sich am Ende dieser Lerneinheit folgende Fragen:

Was waren die Inhalte der Lerneinheit? Was ist mir gelungen/was nicht? Warum ist es mir gelungen/nicht gelungen? Welche Methoden/Vorgehensweisen haben mir besonders gut gefallen?

....

....

....

....

....

....

....

....

....

....

....

....

....

....

Lernsituation 5: Durchführung und Controlling

Infoband 3, LF 13, Kap. 5.

Folgende Kompetenzen können Sie in dieser Lernsituation erwerben:				
Ich kann ...				
erklären, worum es sich beim Projektcontrolling handelt.				
erläutern, warum ein Projektcontrolling für die Umsetzung von Projekten wichtig ist.				
den Controlling-Regelkreis darstellen.				
die Verantwortlichkeiten im Projektcontrolling unterteilen.				
verschiedene Controlling-Methoden erklären.				
zwischen verschiedenen Controlling-Methoden eine oder mehrere geeignete Methode/n auswählen.				
sinnvolle Abschnitte für Terminkontrollen festlegen.				
Ursachen für Verspätungen und Abweichungen vom Projektstrukturplan erkennen.				
eine Ursachenanalyse durchführen.				
den Begriff „Projektdokumentation“ anhand der DIN 69901 erläutern.				
die notwendigen Unterlagen für eine ordentliche Projektdokumentation zusammenstellen.				

Sie unterhalten sich während Ihrer Mittagspause mit einem Kollegen aus der Abteilung Einkauf und berichten ihm von dem Projekt, an dem Sie gerade arbeiten. Sie erzählen von Ihren bisherigen Fortschritten und von den Vorgaben, die Ihnen für die Zielerreichung gemacht wurden. Ihr Kollege findet das sehr interessant und möchte gerne mehr über die Erstellung der Lernplattform und den Fortschritt des Projekts wissen. Er stellt Ihnen im Laufe Ihrer Unterhaltung einige Fragen.

Lernjob 1 Bestandteile des Projektcontrolling für das eigene Projekt erarbeiten

a) Ihr Kollege möchte unter anderem wissen, wie es nach der Planung der Ressourcen und der Festlegung von Terminen mit dem Projekt weitergeht. Es fällt der Begriff „Controlling". Erläutern Sie, warum ein Projektcontrolling als nächster Schritt wichtig ist.

b) Warum handelt es sich bei „Controlling" nicht ausschließlich um „Kontrolle"? Was geschieht im Rahmen des Projektcontrolling?

c) Während Ihres Gesprächs sagt Ihr Kollege etwas vom „Controlling-Regelkreis". Stellen Sie den Controlling-Regelkreis dar und erläutern Sie, ob die Reihenfolge der Schritte eine Rolle spielt. Begründen Sie Ihre Antwort.

d) Was sollte im Projektcontrolling bekannt sein und aus welchem Grund?

e) Ihr Kollege ist ganz begeistert von dem Projekt und möchte mehr über die Verantwortlichkeiten wissen. Er fragt, ob alle Verantwortung alleine auf Ihren Schultern liegt. Sie erzählen ihm von Ihrem Projektteam und der Projektleitung. Nun möchte er wissen, wer eigentlich für das Projektcontrolling für die Erstellung der Lernplattform zuständig ist. Überlegen Sie, wer für Ihr Projekt am Projektcontrolling beteiligt sein sollte und weshalb.

f) Es gibt verschiedene Controlling-Methoden. Diskutieren Sie die verschiedenen Methoden und legen Sie fest, welche Methode/n für die Verwirklichung der Erstellung einer Lernplattform geeignet erscheinen.

Lernjob 2 Terminkontrolle vornehmen

a) Sie haben für das Projekt „Erstellung einer Lernplattform" einen Zeitrahmen von zwölf Wochen vorgegeben bekommen. Legen Sie sinnvolle Abschnitte für die Terminkontrolle fest und begründen Sie Ihre Entscheidung.

b) Sie stellen fest, dass Sie mit zwei Arbeitspaketen bereits jeweils zwei Tage im Verzug sind. Welche Ursachen kann dies haben?

c) Welche Möglichkeiten haben Sie, damit das Projekt trotz der aktuell zwei Tage Verzug bei den beiden Arbeitspaketen dennoch gelingen kann?

d) Sie möchten ergründen, wieso die Erledigung der Arbeitspakete zwei Tage länger gedauert hat, als eigentlich geplant war. Wie gehen Sie bei der Analyse der Ursachen konkret vor?

Lernjob 3 Eine Projektdokumentation erstellen

a) Nicht nur in Ihrem Unternehmen gibt es Projekte, sondern in vielen Unternehmen werden immer wieder die verschiedensten Projekte durchgeführt. Erläutern Sie, ob Sie einheitliche Regeln zur Projektdokumentation für sinnvoll halten.

b) Nennen Sie die fünf Punkte, nach denen die DIN 69901 eine gelingende Projektdokumentation unterteilt.

c) Ihre Mitauszubildende möchte wissen, welche Unterlagen für eine Projektdokumentation eigentlich erforderlich sind. Nennen Sie ihr die Unterlagen, die Sie benötigen, um das Projekt „Erstellung einer Lernplattform" zu dokumentieren.

Haben Sie folgende Kompetenzen in dieser Lernsituation erworben?	👍	👌	👉	👎
Ich kann ...				
erklären, worum es sich beim Projektcontrolling handelt.				
erläutern, warum ein Projektcontrolling für die Umsetzung von Projekten wichtig ist.				
den Controlling-Regelkreis darstellen.				
die Verantwortlichkeiten im Projektcontrolling unterteilen.				
verschiedene Controlling-Methoden erklären.				
zwischen verschiedenen Controlling-Methoden eine oder mehrere geeignete Methode/n auswählen.				
sinnvolle Abschnitte für Terminkontrollen festlegen.				
Ursachen für Verspätungen und Abweichungen vom Projektstrukturplan erkennen.				
eine Ursachenanalyse durchführen.				
den Begriff „Projektdokumentation“ anhand der DIN 69901 erläutern.				
die notwendigen Unterlagen für eine ordentliche Projektdokumentation zusammenstellen.				

Reflexion des Lernerfolgs:

Stellen Sie sich am Ende dieser Lerneinheit folgende Fragen:

Was waren die Inhalte der Lerneinheit? Was ist mir gelungen/was nicht? Warum ist es mir gelungen/nicht gelungen? Welche Methoden/Vorgehensweisen haben mir besonders gut gefallen?

....

....

....

....

....

....

....

....

....

....

....

....

....

....

....

Lernsituation 6: Der Projektabschluss

Infoband 3, LF 13, Kap. 6.

Folgende Kompetenzen können Sie in dieser Lernsituation erwerben:	👍	👌	🤏	👎
Ich kann ...				
den Projektverlauf resümieren.				
Verbleibende und noch offene Fragen erkennen und stellen.				
den Sinn eines Projektabschlusses erläutern.				
eine Projektabnahme planen und durchführen.				
eine Einladung zur Abschlusssitzung formulieren.				
eine Abschlusssitzung organisieren.				
die Teilnehmer einer Projektabschlusssitzung gezielt ansprechen.				
eine Abschlussfeier vorbereiten.				
den Teilnehmerkreis für eine Abschlussfeier festlegen.				

Sie hatten zur Umsetzung des Projekts „Erstellung einer Lernplattform" einen Zeitrahmen von zwölf Wochen zur Verfügung. Während der Erstellung der Lernplattform haben Sie mit den anderen Mitgliedern des Projektteams zusammengearbeitet. Sie hießen nicht nur „Team", sondern sind trotz einiger Schwierigkeiten zwischendurch auch tatsächlich zu einem guten Team geworden. Nun neigt sich die Projektzeit dem Ende zu und es sind noch einige Dinge zu erledigen.

Lernjob 1 Ablauf des Projektabschlusses erarbeiten

a) Erarbeiten Sie Fragen, die Sie und das Projektteam sich zum Ende des Projekts stellen sollten. Nehmen Sie dabei Bezug auf:

- Termine
- Kosten
- Leistungen
- Ressourcen
- Meilensteine
- Methoden
- Kennzahlen
- usw.

b) Eine Auszubildende im ersten Lehrjahr ist nicht Teil des Projektteams und hat von dem Projekt nur am Rande etwas mitbekommen, da sie selbst mit anderen Aufgaben betraut war. In der Frühstückspause unterhalten Sie sich mit ihr. Sie erzählen von den Fortschritten und davon, dass nun noch der Projektabschluss ansteht. Daraufhin meint sie etwas flapsig zu Ihnen: *„Also, warum macht ihr überhaupt so ein Theater? Ihr habt es doch jetzt fast geschafft. Die Plattform wird rechtzeitig fertig und gut. Dann seid ihr doch komplett fertig und müsst nichts mehr tun!"*
Nehmen Sie Stellung zu dieser Aussage.

c) Erläutern Sie, wie die Projektabnahme Ihres Projekts abläuft/ablaufen kann.

d) Welche Argumente sprechen für die Planung der Projektabnahme zu Anfang des Projekts?

Lernjob 2 Eine Abschlusssitzung organisieren und durchführen

a) Sie wurden gebeten, die Teammitglieder zur Abschlusssitzung einzuladen. Entwerfen Sie eine Liste mit den Themen, die in der Abschlusssitzung für die Erstellung der Lernplattform noch unbedingt angesprochen werden müssen.

Infoband 3, LF 12

b) Wer sollte alles an der Abschlusssitzung teilnehmen?

c) Welche organisatorischen Maßnahmen müssen im Vorfeld der Abschlusssitzung durchgeführt werden?

d) Der Termin für die Abschlusssitzung ist zwar seit längerem bekannt, dennoch war in den letzten Wochen wirklich viel zu tun und es soll sichergestellt werden, dass auch wirklich alle den Termin noch im Kopf haben. Sie wurden daher gebeten, an alle geplanten Teilnehmer der Abschlusssitzung noch einmal eine Erinnerung per E-Mail zu schicken, damit auch wirklich alle zu diesem Termin erscheinen. Formulieren Sie eine freundliche E-Mail, die auf den Termin der Abschlusssitzung hinweist. Führen Sie dabei alle wichtigen Angaben für einen Termin mit auf.

e) Ihre Kollegin konnte leider krankheitsbedingt nicht an der Abschlusssitzung teilnehmen. Wie kann Sie sich dennoch umfassend über die Inhalte der Abschlusssitzung informieren?

Lernjob 3 Die Abschlussfeier vorbereiten

a) Trotz einiger Schwierigkeiten, sowohl im Team als auch durch Abweichungen von den zeitlichen Planungen, konnten Sie doch das Projektziel erreichen und die Planungen weitestgehend erfolgreich umsetzen. Welche Argumente sprechen für die Durchführung einer Abschlussfeier nach einem gelungenen Projekt?

Infoband 3, LF 12

b) Gestalten Sie eine Einladung zur Abschlussfeier Ihres Projekts mit einem ansprechenden Text und allen notwendigen Angaben.

c) Wer sollte zur Abschlussfeier eingeladen werden?

d) Welche organisatorischen Maßnahmen sollten im Vorfeld der Abschlussfeier für Ihr Projekt „Erstellung einer Lernplattform" getroffen werden?

Haben Sie folgende Kompetenzen in dieser Lernsituation erworben?				
Ich kann ...				
den Projektverlauf resümieren.				
Verbleibende und noch offene Fragen erkennen und stellen.				
den Sinn eines Projektabschlusses erläutern.				
eine Projektabnahme planen und durchführen.				
eine Einladung zur Abschlusssitzung formulieren.				
eine Abschlusssitzung organisieren.				
die Teilnehmer einer Projektabschlusssitzung gezielt ansprechen.				
eine Abschlussfeier vorbereiten.				
den Teilnehmerkreis für eine Abschlussfeier festlegen.				

Reflexion des Lernerfolgs:

Stellen Sie sich am Ende dieser Lerneinheit folgende Fragen:

Was waren die Inhalte der Lerneinheit? Was ist mir gelungen/was nicht? Warum ist es mir gelungen/nicht gelungen? Welche Methoden/Vorgehensweisen haben mir besonders gut gefallen?

Arbeitsblatt 1

<table>
<tr><th colspan="4">Projektantrag</th></tr>
<tr><td colspan="4"></td></tr>
<tr><th colspan="4">Projekttitel</th></tr>
<tr><td colspan="4"></td></tr>
<tr><td colspan="4"></td></tr>
<tr><th colspan="4">Projektdaten</th></tr>
<tr><td>Beginn</td><td></td><td>Ende</td><td></td></tr>
<tr><td colspan="4">wichtige Termine</td></tr>
<tr><td colspan="4"></td></tr>
<tr><td colspan="4">Auftraggeber</td></tr>
<tr><td colspan="4"></td></tr>
<tr><th colspan="4">Projektorganisation</th></tr>
<tr><td>Projektleiter</td><td colspan="3"></td></tr>
<tr><td>Teammitglieder</td><td colspan="3"></td></tr>
<tr><td>Lenkungsausschuss</td><td colspan="3"></td></tr>
<tr><td>sonstige Beteiligte</td><td colspan="3"></td></tr>
<tr><td colspan="4"></td></tr>
<tr><th colspan="4">Projektbeschreibung</th></tr>
<tr><td>Ausgangssituation</td><td colspan="3"></td></tr>
<tr><td>Projektziele</td><td colspan="3"></td></tr>
</table>

Nicht-Ziele	
Projektablauf	

Ressourcen	
Dauer	
Budget	
weitere Sachmittel	

Einreichung des Projekts		
Das Projekt wird eingereicht am	Datum	Unterschrift Projektleiter

Projektbewilligung	
Das Projekt wird	☐ bewilligt.
	☐ mit folgender Begründung abgelehnt:

Datum	Unterschrift

Arbeitsblatt 2

Teamvertrag	
Als Projektteam wollen wir uns an folgende Regeln halten:	
1.	
2.	
3.	
4.	
5.	
6.	
7.	
8.	
9.	
10.	
Als Zeichen dafür, dass wir uns an diese Regelungen halten, unterschreiben wir diesen „Vertrag" gemeinsam:	

Arbeitsblatt 3

Projektziele SMART definiert					
Projekt:					
erstellt von:					
Datum:					
Ziel	**S**pezifisch ► Was genau soll erreicht werden? ► Welche Eigenschaften werden angestrebt? ► Wer ist beteiligt?	**M**essbar ► Woran kann man die Zielerreichung messen? ► Wie viel genau? ► Wann weiß ich, dass ich mein Ziel erreicht habe?	**A**kzeptiert ► Wird das Ziel von den Beteiligten akzeptiert? ► Wirkt das Ziel motivierend?	**R**ealistisch ► Ist das Ziel im Rahmen des Projekts erreichbar? ► Ist es machbar?	**T**erminiert ► Bis wann soll das Ziel erreicht werden? ► In welchem Zeitrahmen soll das Ziel erreicht werden?

Bildquellenverzeichnis

Lernfeld 9

S. 17: © Krasimira Nevenova – fotolia.com; S. 30: © Calado – fotolia.com; S. 34: © Thomas Reimer – fotolia.com; S. 39: © jro-grafik – fotolia.com; S. 42: © Michael Rosskothen – fotolia.com; S. 45: © M. Schuppich – fotolia.com; S. 49: © Volker Witt – fotolia.com; S. 55: © fotomek – fotolia.com; S. 58: © Marco2811 – fotolia.com; S. 61: © Gina Sanders – fotolia.com; S. 64: © ellisia – fotolia.com; S. 65: © Jakub Jirsák – fotolia.com; S. 67: © stockpics – fotolia.com

Lernfeld 10

S. 79: © vege – fotolia.com; S. 94: © stockphoto-graf – fotolia.com; S. 97: © drubig-photo – fotolia.com; S. 102: © lassedesignen – fotolia.com; S. 106: © underwaterpics – fotolia.com; S. 114: © Giorgio Pulcini – fotolia.com

Lernfeld 11

S. 125: © Robert Kneschke – fotolia.com; S. 128: © contrastwerkstatt – fotolia.com; S. 134: © Jakub Jirsák – fotolia.com; S. 138: © JiSign – fotolia.com

Lernfeld 12

S. 155: © PHOTOMORPHIC PTE. LTD. – fotolia.com; S. 158: © Sven Hoppe – fotolia.com; S. 162: © JiSign – fotolia.com; S. 166: © davis – fotolia.com; S. 173: © photomorphic PTE – fotolia.com; S. 176: © carballo – fotolia.com; S. 180: © DOC RABE Media – fotolia.com

Lernfeld 13

S. 204: © Coloures-pic – fotolia.com; S. 206: © fotografiedk – fotolia.com; S. 209: © Trueffelpix – fotolia.com; S. 213: © MK-Photo – fotolia.com; S. 216: © Coloures-pic – fotolia.com; S. 219: © Trueffelpix – fotolia.com

A

B

C

D

E

F

G

H

W

Z